科学耕耘新大陆

北美科学家传

王大明　编

中原出版传媒集团
中原传媒股份公司

大象出版社
·郑州·

图书在版编目(CIP)数据

科学耕耘新大陆 ：北美科学家传 / 王大明编. —
郑州 ：大象出版社，2022. 7
（中外科学家传记丛书 / 王大明，刘兵，李斌主编）
ISBN 978-7-5711-1482-4

Ⅰ. ①科… Ⅱ. ①王… Ⅲ. ①科学家-列传-北美洲
Ⅳ. ①K837. 106. 1

中国版本图书馆 CIP 数据核字(2022)第 097119 号

中外科学家传记丛书

科学耕耘新大陆 北美科学家传

KEXUE GENGYUN XINDALU BEIMEI KEXUEJIAZHUAN

王大明 编

出 版 人 汪林中
项目策划 李光洁
项目统筹 成 艳 陶 慧
责任编辑 董翾华
责任校对 安德华
装帧设计 王莉娟

出版发行 大象出版社(郑州市郑东新区祥盛街 27 号 邮政编码 450016)
发行科 0371-63863551 总编室 0371-65597936
网 址 www. daxiang. cn
印 刷 河南瑞之光印刷股份有限公司
经 销 各地新华书店经销
开 本 890 mm×1240 mm 1/32
印 张 7
字 数 146 千字
版 次 2022 年 7 月第 1 版 2022 年 7 月第 1 次印刷
定 价 25. 00 元

印厂地址 武陟县产业集聚区东区(詹店镇)泰安路与昌平路交叉口
邮政编码 454950 电话 0371-63956290

总 序

马克思和恩格斯合写于19世纪40年代的《共产党宣言》中，曾有这样一段生动的描述：“自然力的征服，机器的采用，化学在工业和农业中的应用，轮船的行驶，铁路的通行，电报的使用，整个整个大陆的开垦，河川的通航，仿佛用法术从地下呼唤出来的大量人口——过去哪一个世纪料想到在社会劳动里蕴藏有这样的生产力呢？”马克思和恩格斯说的那一切，还不过是19世纪的景况。到了21世纪的今天，随着核能、电子、生物、信息、人工智能等各种前人闻所未闻的科学技术的飞速发展，人类社会面貌进一步发生了翻天覆地的甚至马克思那个年代都无法想象的巨变。造成所有这一切改变的最根本原因，毫无疑问，就是科学技术。而几百年来，推动科学技术发展的直接力量，就是一大批科学家和技术专家。

中国是这几百年来世界科学技术革命和现代化的后知后觉者，从16世纪末期最初接触近代自然科学又浅尝辄止，到19世纪中期晚清时代坚船利炮威胁下的西学东渐，再到20世纪初期对“德先生”和“赛先生”的热切呼唤，经过几百年的尝试，特别是近几十年的努力，已逐渐赶上世界发展的潮流，甚至最近还有后来者居上的势头。例如，中国目前不但在经济总量上居于世界第二的地位，而且在科学研究的多个前沿领域也已经名列国际前茅；有些方面，比如科学论文的数量，仅次于美国而居世界第二；最可贵的是，中国已经形成了一支人数众多、质量上乘的科研队伍。

利用科学技术来推动社会经济的发展，中国已经尝到了巨大甜头，科学技术是第一生产力的观点深入人心。从政府到民间，大家普遍关心如何进一步落实科教兴国战略、推动创新促进发展，使中国在科技创新方面更具竞争优势，培养和造就出更多的科技创新人才，使中国在现代化道路上能走得更长远、更健康。

为实现上述目标，一方面需要提高专业科学研究队伍的水平，发扬理性思考、刻苦钻研、求真求实、勇于创新的科学精神；另一方面也需要增强和培育整个社会的公众科学素养，造就学科学、爱科学，支持创新、尊重人才的文化氛围。这套“中外科学家传记丛书”的编辑和出版，就是出于这样的考虑。

通过阅读和学习科学家传记，一是可以更深刻地理解科学家们特别是那些在重大历史转折关头做出了伟大贡献的科学家的科学思想和创新方法，二是可以更鲜活地了解到科学家们的科学精神和品格作风，三是可以从科学家们的各种成长经历中得到启发。

本丛书所收录的 200 多位中外著名科学家（个别其他学者）的传记，全部都来自中国科学院 1979 年创刊的《自然辩证法通讯》杂志。该杂志从创刊伊始就设立了一个科学家人物评传的固定栏目，迄今已逾四十年，先后刊登了 200 多篇古今中外科学家的传记，其中包括文艺复兴时期的欧洲科学家、远渡重洋将最初的西方近代科学知识带到中国的欧洲传教士，当然大部分都是现代科学家，例如数学领域的希尔伯特、哈代、陈省身、吴文俊等，物理学领域的玻尔、普朗克、薛定谔、海森伯、钱三强、束星北、王淦昌等，以及天文学、地学、生物学、计算机科学和若干工程领域的科学家。值得指出的是，这些传记文章的作者，大都是在相关领域学有专长的专家学者。例如：写过多篇数学家传记的胡作玄先生，是中国科学院原系统科学研究所的研究员；写过多篇物理学家传记的戈革先生，是中国石油大学的物理学教授；此外还有北京大学、清华大学、上海交通大学、中国科技大学等多所国内著名大学的教授，以及中国科学院、中国医学科学院和中国科技协会等研究机构的专家。所以，这些传记文章从专业和普及两个角度看，其数量之多、涉及领域之广、内容质量之上乘、可读性之强，在国内的中外科学家群体传记中都可以说是无出其右者。

考虑到读者对象的广泛性，本丛书对原刊物传记文章进行了重新整理编辑，主要集中在如下几个方面：一是在总体设计上，丛书共分 30 册，每册收录 8 个人物传记；二是基本按照学科领域来划分各个分册；三是每分册中的人物大致参考历史顺序或学术地位来编排；四是为照顾阅读的连续性，将原刊物文章中的所有参考资料一律转移到每分册的最后，并增加人名对照表。

当前，中国正处在从制造大国向创造大国转变、急需更多科技创新和科技人才的重要历史时刻，希望本丛书的出版对于实现这个伟大目标有所裨益，也希望对广大青少年和其他读者的学习生活有所帮助。

目 录

亨利

接过“富兰克林披风”的人

约瑟夫·亨利

（Joseph Henry，1797—1878）

自富兰克林之后，美国在科学上沉寂了数十年之久，是约瑟夫·亨利的科学研究成果重新唤起了美国人的自信心，因此他被称为接过“富兰克林披风”的人，也是美国科学大厦的早期奠基人。他既重视应用，也强调纯科学，可以说他是把美国的科学研究活动引向了协调发展道路的关键人物之一。

一、在苦难中磨炼

约瑟夫·亨利是移居美国的苏格兰清教徒后裔。父亲威廉·亨利是个穷苦的马车夫。威廉·亨利终日辛劳，全家也就能维持基本温饱而已。因此，约瑟夫·亨利很小的时候就被送到乡下和他的外祖母生活在一起，并就读于当地的乡村小学。为减轻外祖母的负担，稍大一点时，他就开始一边学习一边在附近的小商店里做零工。亨利小时候在学习中并没有显露出什么特别的才能，据说只是对传奇小说很感兴趣。

在亨利 14 岁那年，父亲去世，他回到奥尔巴尼和寡母相依为命。为了生活，他不能继续学业，不得不投师学习修理钟表和宝石研磨。但亨利并不喜欢这样的工作，他的心思在其他方面，大概是受莎士比亚著作的影响，他那时想当一名演员。不久，他的师傅经营失败，他反而因此获得了自由，实现了多年的愿望，参加了一个由年轻人组成的戏剧表演团体。亨利身材修长，面目清秀，适合扮演许多角色。他安排舞台效果的奇特才能和出色演技很快使他在奥尔巴尼拥有了众多粉丝，使他在当地演艺界小有名气。而这段经历为他日后作为科学教育家和学科领导人所需要的演讲才能打下了基础。

大约在他 16 岁那年，一个偶然机会改变了亨利的整个人生道路。有一天，亨利身体有点不舒服，就留在宿舍里休息，无意中捡起同宿舍人丢下的一本书翻读起来以消磨时间。这是神学博士格雷戈里写的一本科普读物，书名叫《经验哲学、天文学、化学普通讲义》。引起亨利注意的是开头的问题：“你向空中扔一块石头或者射出一支箭，为什么它不沿着直线，也就是你所给予的方向，一直向前运动呢？……反之，火焰和烟为什么总是向上升，虽然没有使它们沿着那个方向运动的力？当你把蜡烛倒过来的时候……为什么它的火焰不落向地板呢？……再者，你窥视清澈的井水，看见自己的脸庞和形象，仿佛画在那里，为什么会如此？你被告知这是由于光的反射而形成的，但什么是光的反射呢？”这样一连串的问题和对它们的回答，第一次使亨利对科学产生了兴趣。亨利一口气读完了全书，立刻决定辞去在剧团担任的职务，献身于新奇的科学事业。这本书的主人得知亨利对它极感兴趣，慷慨地把书送给了亨利。亨利的身边一直保存着这本极为普通的书，在他的记忆中始终保存着这段难忘的经历。1837 年，他在书的扉页写道：

这本书，虽然不是一本深奥的书，但上帝保佑，它对我的一生产生了巨大的影响。当我大约 16 岁那年，它偶然落在我的手中……它把我的思想凝聚在对自然的研究上，使我在读它的当时就决定立刻献身于对科学知识的追求。

投身科学事业，就凭亨利在哥尔韦尼乡村小学学到的那些知识谈何容易。亨利自己也深深地意识到这一点，于是他决定接受系统的教育，为实现他的理想打下坚实的基础。亨利先是上了奥尔巴尼市的夜校，很快就获得了在那里能获得的所有知识。

1819 年，亨利通过自学，作为一名超龄生被奥尔巴尼学院破格录取。但在整个学习期间，贫寒的家境使他不得不多次中断学习出去挣钱。他先后有将近一年的时间在乡下小学教书，挣得一些钱来交纳学费。最初的一个月，他的工资只有 8 美元，后来才增加到 15 美元。 在奥尔巴尼学院里，他系统地学习了数学、化学、物理学、生物学和解剖学。他不满足于学院的教育，还自修了许多其他课程。他的刻苦精神和优异成绩博得了院长的赞赏，他还是学生的时候就被聘为助教，经常帮助院长做一些化学实验。

1822 年毕业后，为了维持生活，他曾当过两年的家庭教师，还做过奥尔巴尼学院和奥尔巴尼历史和艺术协会的图书管理员。这期间，他一边贪婪地阅读各种科学文献，一边因陋就简地做一些实验，初步体会到了科学研究的乐趣。

1824 年，亨利向奥尔巴尼学会宣读了他的第一篇论文，题目是《蒸汽的化学和机械效能》。亨利通过自己的研究表明，蒸汽由锅炉里喷出来而突然膨胀时，温度会降低，有时候蒸汽喷到手上都不烫手。亨利为此还设计了一种装置进行这方面的表演。在这篇论文里，亨利并没有什么新的发现，但他的演示却极为成功，显示了他作为一位实验物理学家的才能。

1825 年，纽约地方政府准备修一条从哈得孙河西端到伊利湖的道路。经过朋友介绍，亨利作为测量技术员在工地上工作了一段时间。但不久之后，他就迎来了新的机会。

1826 年春天，他因出色的学识和动手实验能力，被聘为奥尔巴尼学院数学和物理学教授，从此结束了青年时代那种贫困、颠簸的生活，开始了历时半个世纪的精彩科学生涯。

二、接过“富兰克林的披风”

1827 年，在富兰克林的电学研究轰动欧洲 70 年之后，亨利在奥尔巴尼学院开始了自己关于电和磁的研究。

在这 70 年间，电磁学研究在美国几乎无人问津，因为当时还看不出电磁学研究能给人们带来什么实质性的好处，一向注重实用的美国人对此不感兴趣是很自然的。然而，亨利却独具慧眼，他认为“抽象科学”是技术进步的基础，技术的每一项重大突破都是以科学的重大发展为前提，因而决心将电磁学作为自己的终身研究课题，并坚信这样的研究最终必将造福于人类。

19 世纪初，在纽约首府的奥尔巴尼学院虽号称高等学府，但实际工作环境并不怎么优越，甚至可以说很糟糕。首先亨利每年需要把大量时间花在教学上，只有很少的时间用来进行研究。其次他也没有专门的实验场地，唯一能用来进行实验的房子是学院的礼堂。

当学校开学时礼堂另有他用，实验工作就得停顿下来。因此，亨利的大部分实验工作只能在假期里做。再次就是实验器材非常缺乏，研究工作常常因为缺少诸如一个锌片这样的小物件而不得不中断。然而对亨利的研究工作最不利的还不止这些，因距离遥远和通信手段的落后，美国与当时科学活动的中心欧洲的信息隔绝，才是令研究者最头痛的问题。但就是在这样艰苦的环境里，亨利仍然坚持着，不屈不挠地从事着他自认为有价值的研究工作，并最终为电磁学的发展做出了独立而巨大的贡献。

1827 年 10 月 10 日，亨利发表了自己第一篇关于电磁学的论文，内容是关于电磁学实验装置的若干改进。戴维·布鲁斯特看了亨利的论文后激动地说："'富兰克林披风'已经落在年轻的亨利身上了。"

在亨利所处的时代，美国一些学校的课本中虽然已经有了一些关于电和磁的内容，但几乎所有学校都采用传统的教学方式来讲授这些知识，即基本都是照本宣科，而缺乏实验式授课。亨利对此并不以为然，他不满足于空口宣讲，而是更喜欢采用直观的实验演示来帮助学生理解课程内容。他认为，通过对眼睛的刺激而产生的印象是最深刻的。用实验来演示电和磁的特性及它们之间的相互作用一定能使学生对电和磁获得更加明确、更加形象的认识。在电和磁的演示实验中，电磁铁是必不可少的装置。由于当时的电磁铁磁力有限，有许多实验不能获得令人满意的效果。为了使课堂上有关电和磁的演示实验效果更加明显，亨利决定改进当时的电磁铁。

在当时文献资料极度匮乏的环境中，亨利幸运地得到了一本介绍安培理论的书。他认真研究了安培的理论，对电流的磁效应有了更进一步的认识。改进电磁铁的工作就是在安培理论的直接指导下进行的。亨利认为，制作电磁铁时要注意：

> 绝缘导线本身而不是绝缘被磁化的软铁棒，一组线圈紧密地覆盖在铁棒的整个表面，这样获得的效果更接近于安培的理论。

亨利的这一改进现在看来稀松平常，再简单不过，可在当时却是非常难得的进步。那时候，市场上根本就没有绝缘导线出售，所有的金属线都是裸露的，实验需要的一根根绝缘导线都是亨利亲手制作而成。导线一经绝缘，情况就大不一样。首先，它可以在软铁上绕得更加紧密，并且还可以缠绕许多层，这样就增加了线圈的匝数。线圈匝数增加，磁力也就自然增强。此外，导线绕得越密，每一个电流环流和软铁棒的轴就越接近于垂直。这样，按照安培理论，所有电流环流产生的磁力方向也就和软铁棒的轴线方向趋于一致。

由于没有现成的绝缘导线，为制作电磁铁，亨利就得需要好多个夜晚来自己手动绕制绝缘导线。1828 年 6 月，亨利用这种方法制成了第一块电磁铁，它的磁力比斯特金的电磁铁大得多，而体积并没有增加多少。

1830 年 5 月，亨利和他的表妹亚历山大小姐结婚，从此亨利有了帮手。妻子经常和他一起工作到深夜，他们一起绕制绝缘导线，以便尝试制造更大的电磁铁。

亨利的这项工作很快就得到了大家的认可。1831 年，耶鲁大学的西利曼教授邀请亨利为耶鲁大学的实验室制作一台大型电磁铁。亨利用尽了他手头所有的丝线和绸布也没有把应该绝缘的金属线缠绕完，最后只得用掉了他妻子心爱的裙子，才完成了最后一段导线的绝缘。当亨利制作的电磁铁竟能提起 1000 千克的重物时，尽管他平时以淡泊宁静著称，这时也不禁高兴地欢呼起来。后来亨利为新泽西学院制作了一台更大的电磁铁，它可以提起 1600 千克的重物。

一台电磁铁能提起 1600 千克的重物，现在看来似乎并不怎么稀奇。但在 1831 年的时候，别说没有强大的交流电，就连丹尼尔电池[1]也还没有问世呢。那时，通常使用的电源就是伏打电堆，它所能提供的电流非常弱，用如此弱的电流来制造强力电磁铁，其困难程度可想而知。因此亨利当初能够制造这样强大的电磁铁，的确是一个惊人之举。

亨利把他制作的电磁铁分为两种：一种叫作“强度磁铁”，一种叫作“量度磁铁”。“强度磁铁”要使用“强度电池”，也就是有许多金属片的电池，或是几个电池的串联。“强度磁铁”能在远处被激励，它是由单线圈构造的。亨利发现，磁力随着线圈匝数的增加而

---

1 丹尼尔电池，即 1836 年由英国物理学家约翰·丹尼尔根据伏打电堆发明的硫酸锌铜化学电池。它比伏打电池的电力强很多，最早不仅用于科学实验，也用于多种商业场合，例如铁路信号灯等。

增加，但有一个限度，用现在的话说，就是电源和外线路的阻抗必须匹配。“量度磁铁”只使用“量度电池”，即单个电池，它只能在短距离内被激励，由短而粗的导线缠制而成。这种磁铁能够增加电流的磁效应而无须大的电池。

今天来看，用绝缘导线制造电磁铁的这一改进对于电磁感应现象的发现和电磁电报的发明实际上有着决定性的意义。因为这种装置可以大大增加感应电流的强度，从而使人们有可能觉察到感应电流的存在。法拉第就是在亨利改进的电磁铁基础上，用绝缘导线制成了有名的感应圈。法拉第在 1839 年的日记中指出，在英国除他本人外，还有 5 个人从亨利那里得到了线圈。应用亨利的“强度磁铁”可以把信号传到很远的地方，这是任何电磁电报的发明者必须首先做到的。在电磁铁得到改进之前，虽然有许多人试图用电磁铁来传递信息，但从来没有人获得成功。

电磁铁的这一改进是亨利在电磁学研究道路上迈开的成功一步，为他日后的许多研究打下了基础。

三、终生憾事

奥斯特发现电能产生磁后，一个崭新的，也是自然而然的问题，即磁能否产生电就立即摆在了相关科学研究者的面前。可以说法拉第是比较早认识到这个问题的人之一，他对此进行了深入研究，并于 1831 年发现了电磁感应现象。

关于电磁感应现象的发现，人们对于法拉第工作的了解已经足够多了。另一个也意识到这个问题的人就是远在美洲大陆的亨利。

但长期以来关于亨利也是电磁感应现象独立发现者的历史事实，人们却知之甚少。实际上，亨利不仅仅是电磁感应现象的独立发现者，他很可能早于法拉第发现电磁感应现象，只是由于他过于谨慎而失去获得发现优先权的机会，铸成了他的终生憾事。

亨利制成第一块电磁铁后就一直在考虑这样的问题：怎样由磁产生电？亨利相信用他的电磁铁所提供的强大磁力，有可能在其他人失败的地方获得成功。那时候，绝大部分人在这个研究领域中所使用的都是天然磁铁。而当时能找到的天然磁铁的磁力，实际上远远小于亨利的电磁铁。另外，天然磁铁不能改变极性，也不容易失去磁性，而电磁铁能在瞬间改变极性，并且能根据需要使磁力增大、减小或者消除。正是基于这两点，亨利对他的实验充满了信心：

> 我早就想到，如果按照我的计划在这种研究中用电磁铁代替普通的磁铁，可能更有希望获得成功。

根据亨利的女儿玛丽·亨利的叙述，亨利是在1830年夏天发现电磁感应现象的，不过，效果不很明显，一向做事谨慎的亨利不愿贸然发表这一成果。他希望在发表之前扩大这一成果，使产生磁电的效果更加明显。但是，由于时间和材料的限制，直到1831年8月，他才开始制作一个更大的电磁铁，为扩大他的成果做准备。

和法拉第相比，亨利的研究工作有很多不利条件。首先，当时的美国在科学研究上相比于欧洲非常落后，电磁学的先驱奥斯特、阿拉戈、安培、欧姆、毕奥、萨伐尔无一不是欧洲人，所以法拉第显然比亨利能够更多更快地了解到最新研究成果。自从富兰克林以后，美国几乎没有人从事电磁研究，亨利的研究只能建立在欧洲人的研究成果上。但是，美国与欧洲远隔重洋，亨利无法及时了解到电磁研究的最新进展，几乎就是单枪匹马在黑暗中摸索。其次，法拉第当时在最富有研究气氛和装备精良的英国伦敦皇家学会实验室工作，而亨利则形单影只地工作在一个科研装备和条件都极差的学校，所有东西都要自己制备，设备不足和材料缺乏常常使他不得不中止正在进行的实验。再次，法拉第专职从事研究工作，有充裕的时间，而亨利只能算是一个业余研究者，沉重的教学负担常常使他无暇顾及亟待解决的问题。

亨利一直不知道法拉第的工作，到了 1832 年 6 月才在《哲学年鉴》4 月号上看到了《皇家研究院活动记录》标题下的相关报道。报道并没有详细介绍实验过程，只是简单地叙述了结果。亨利读完这则报道后，非常沮丧，直到晚年还后悔没有及时发表他的研究成果。他曾难过地对他的老朋友说：

> 我应该早一点发表它们，但我的时间太少了。我想以更好的形式表达我的结果，我怎么能知道在大西洋彼岸也在忙于这样的事情呢。

亨利感到失望，觉得公布自己的研究结果已毫无意义。但是，耶鲁大学的西利曼教授竭力敦促他在自己所办的杂志——《美国科学杂志》上发表其研究成果。后来，亨利的研究结果经过整理，刊登在 1832 年《美国科学杂志》的 7 月号上。在这篇论文里，亨利介绍了他的实验装置和实验过程：用一根大约 9 米长的漆包线绕在一块 17.5 厘米长的衔铁中间，激励时可提举 300 千克的重物。将绕着线圈的衔铁跨过马蹄形电磁铁的端部固定，使之不能运动。衔铁上线圈的两根约 12 米长的引线中间连接着电流计。实验的时候，将和电磁铁两根引线相连接的电极突然浸在一瓶稀硫酸里，在浸入的瞬间，电流计指针向西偏转了 30 度，若干次摆动后，指针恢复到原来位置。当电极从稀硫酸里撤出时，指针又向东偏转了 20 度。实验的结果使亨利认识到：

> 一方面磁是通过电池里的电流作用在电磁铁的软铁里产生，另一方面通过与电磁铁接触产生磁的衔铁反过来在绕在它上面的线圈里感应出电流。

电流的产生主要是由于：

> 磁作用在一种情况下的瞬时产生和在另一种情况下的突然中止。

亨利的实验和法拉第的实验明显不同。法拉第是使磁铁在线圈中或是使直导线在磁极前运动而产生电流，本质上他所得到的是由机械运动所催生的电动势而导致的电流。而亨利的电磁铁和衔铁都没有运动，是靠磁感应强度的变化在线圈中产生了电流，是一种电流—磁场—电流的转换过程。因此，在某种程度上说，亨利的靠磁感应强度变化激发电流的发现，可能比磁铁的运动更有普遍意义，或者至少具有同等的重要性。由此可以看出，法拉第和亨利是用不同方法从不同的角度发现了电磁感应现象。从这种意义上讲，他们之间实际上并不存在优先权之争。

关于发现电磁感应现象的优先权问题，虽说在世界上没有引起激烈争论，但也确实存在着不同说法。根据历史资料分析，亨利在 1830 年夏天或是在 1831 年夏天发现了电磁感应现象，看来是完全有可能的。因为亨利从未争过这个优先权，如果他的发现真的在法拉第之后，他就不必私下后悔了，何况还有他女儿的叙述作为佐证。然而，遗憾的是并没有可靠的第一手材料能证明亨利的发现早于法拉第。不管是法拉第还是亨利最先发现了电磁感应现象，毋庸置疑这一发现本身是科学发现史上的一件大事。电磁感应现象的发现为人类寻找到了打开电能宝库的钥匙，它使得机械能、热能等各种形式的能量转化为电能成为可能。亨利虽然未能获得发现电磁感应现象的优先权，但是，历史材料无可辩驳地证明他至少是电磁感应现象的独立发现者。

四、“美国式的实验真了不起”

1837 年，亨利获得带薪假期，和好朋友一道漂洋过海，前往他向往已久的欧洲旅行。他在英国和法国受到热烈欢迎，会见了许多当时的一流科学家，特别是法拉第。亨利和法拉第多次见面，彼此之间很快就建立了真诚的关系。这两位巨人在一起大谈发现电磁感应现象的重要性，却绝口不提是谁最先发现了电磁感应现象。法拉第邀请亨利到伦敦皇家学院去做关于电磁学中的数学理论的演讲，亨利丰富的数学知识是法拉第所不能比的。

有一天，在伦敦皇家学院的实验室里，英国著名科学家法拉第、惠斯通、丹尼尔等正进行着一次非常有意义的实验，他们试图从温差电堆里引出电火花。当时亨利也在场。温差电堆的一端插在冰里，一端放在红热的炉子上。丹尼尔首先走上前去，拿起和温差电堆连接的两根导线，把它们的末端接触在一起不停地摩擦。在场的人都睁大眼睛，希望能看到闪亮的火花。然而事与愿违，无论丹尼尔怎么摩擦，导线末端也没有产生出火花来。惠斯通和法拉第也接连做了实验，结果同样未能尽如人意。他们泄气了，觉得温差电堆产生的电流太小，不足以引起火花。最后，法拉第希望亨利也来试一试。只见亨利不慌不忙地走上前去，把一根长导线在手指上绕成密集的螺线，又在螺线里面插进一根软铁棒，然后把它们接到线路中去。当他把两根导线的端部在一起摩擦时，明亮的火花出现了。亨利的成功博得了所有在场者的赞赏。法拉第拍着手说："美国式的实验真了不起！"

电火花的产生是电流自感现象的表现。亨利的成功在于他对电流自感现象有比较深入的了解。亨利有关自感现象的研究结果最早发表在 1832 年《美国科学杂志》的 7 月号上。在这篇文章中，亨利以大量的篇幅描述了他发现电磁感应现象的实验，然而这些不但于他所失去的东西无补，反而使他成了美国普通人抱怨的对象。他们责怪亨利失去了使美国人出人头地的机会。但是，不引人注意的、仅有十几行字的最后结尾却给亨利带来了莫大的荣誉，成了美国人的一大骄傲。这一点亨利当时也是万万没有想到的。这段文字记载了他在电磁实验中发现的以前从没有人注意到的现象——电流的自感现象。

早在1829年8月，亨利用实验证明了不同长度的导线对电磁铁提举力的影响，在用“强度磁铁”和“强度电池”组合电报线路时，他就意外地看到了当有电流的长导线断开时可以产生明亮火花。为了搞清楚这是怎么回事，他接着又用短导线和螺线进行实验，结果发现：

> 如果电池的作用非常强烈，短线也能产生火花。在这种情况下，只需等若干分钟，作用就会减弱，短线不再产生火花。这时候如果换上长线，又可以获得火花。把导线绕成线圈，效果明显增加，它似乎同样部分地依赖于线的长短和粗细，我仅仅通过假定长线被充上更多的电来说明这些现象，当结被破坏时，通过它的自身作用而放出火花。

实际上，最先发现破坏通电长导线的结时能产生火花的未必就是亨利。但是在亨利以前，没有一个人能超出自然观察的范围，从这一普通现象中看到更深刻的东西。亨利第一次有意识地关注到这一现象，并为探索它的本质设计了一系列专门实验。亨利一向认为实验比自然观察更能深刻揭示事物的本质和发现现象的细节。亨利十分推崇古希腊人的归纳法，但他也常常批评他们的观察是漫不经心的，说他们的所谓术语“经验”只涉及观察资料而不包括更有效的实验方法。正是这种注重实验的精神，使亨利在其他人忽视的普通现象中发现了新鲜的东西。更进一步的是，亨利不但发现了作为现象的电流自感效应，而且还试图从科学原理的高度去理解和解释。他当时的理论是假定长导线比短导线能够充上更多的电流，虽然这一解释并不十分确切，但从能量守恒的观点（能量守恒定律当时还没有被发现）来看，它无疑具有一定的真理性，只是亨利没有认识到其中有一个电磁转换的过程而已。但这又说明亨利当时已经接近了能量守恒的思想。

1832 年底，亨利移居普林斯顿，在新泽西学院任教。由于教学的压力，一开始他未能持续在奥尔巴尼所进行的研究。当时，几乎没有一个欧洲人读过亨利的论文。法拉第在不知晓亨利工作的情况下，也进行了这方面的研究，独立发现了自感现象。1834 年 11 月，他在《哲学杂志》上发表了自己的研究成果。这比亨利研究成果的发表晚了两年多，并且法拉第这时候也没有超出亨利当初对自感现象的认识。

法拉第文章的发表，促使亨利再一次着手研究这个问题。1835 年 1 月 16 日，他向美国哲学会介绍了他为进一步研究自感现象而设计的各种实验以及实验中得出的结果。亨利一共设计了 14 个实验，定性地确定了各种形状导体的电感大小，使人们对电感现象的本质有了更深刻的认识。

无论是电磁感应现象还是电流自感现象的发现，亨利都没有争取过优先权，但是科学界还是一致把发现电流自感现象的荣誉归于亨利。为了纪念亨利的这一成就，在亨利去世后，1893 年 8 月召开的国际电学家会议正式命名“Henry”为电感的标准单位，“Henry（亨）”（电感单位）和“Farad（法）”（电容单位）、“Ohm（欧姆）”（电阻单位）、“Ampere（安）”（电流强度单位）一起成为世界上所有国家共同使用的电磁学计量单位。

当时参加会议的有来自 9 个国家的 26 名科学家，德国著名科学家亥姆霍兹主持了会议。采用“亨利”作为电感单位的动议是由法国科学家马斯卡特提出的，最后获得了一致通过。一个美国人的姓氏被用作为科学上的标准单位，这在美国科学史上还是第一次。

亨利的研究绝不只限于电磁学方面，物理学的其他许多领域都留下了他的足迹。这些研究大都和电磁学一样处在当时的最前沿，亨利在物理学基础研究方面的巨大成就，鼓舞起美国人的自信心，也一定程度改变了欧洲人对美国人的某些偏见，向全世界显示了美国人的才能。英国物理学家弗莱明对亨利的工作给予了极高的评价，他在一本书中写道：

> 在杰出的研究者中，法拉第和亨利的名字应该排在前面……亨利的科学著作很值得仔细研究，我们不仅从中看到了这位发现者所作出的清晰解释，而且看到了他持有和提出的深奥而又有创见的见解，它们表明亨利早就达到了只是最近才充分产生影响的科学发现的水平。

五、有线电报的发明和无线电报的发现

电磁电报机的发明是19世纪上半叶的一件大事，它大大地促进了信息交流，有力推动了生产的发展。可以毫不夸张地说，电磁电报机的发明是现代信息革命的源头。亨利虽然不是实用电磁电报机的发明者，但他却是进行电磁电报研究的先驱者，大西洋两岸实用电报机的发明都曾得到他的直接帮助。

人类早就渴望更加迅捷的通信方法，在电现象被发现后就不断有人尝试用电来传递信息。早在1753年，苏格兰的莫里森就提出过用摩擦电传输信息的思想并创造了实际方法，由此产生了所谓的"电流电报"和"化学电报"通信方式。这些通信方式一直到莫尔斯发明电报前还在使用，但由于它们各自的不足之处，事实上并未得到广泛普及，仅在很小范围内使用。

最早设想用电磁铁来传递信息的可能是英国的巴洛。不过，经多次实验后，巴洛于1825年得出结论说："我发现仅200英尺长的导线，（磁力）就非常明显地减少了，于是，我很快就觉得这个主意是不可行的。"电磁电报的另一个发明者惠斯通直到1837年还认为电磁铁"不能用于电报，因为足够的吸引力不能传递到嵌在一个长线路中的电磁铁"。然而，此前在1831年，亨利就已经用他的电磁铁证明了这种设想的可行性：

电流的作用在通过长线路时，至少不会明显地减少，这一事实能直接应用于巴洛先生制作电磁电报的设想。

亨利成功的关键在于他不自觉地应用了当时还没有问世的欧姆定律，使包括电磁铁在内的外线路和电池匹配。不久，亨利用电磁铁进行了传递信息实验，还发明了模型电磁电报机。在奥尔巴尼学院时，亨利把电报线架在他的住处和实验室之间，用简单的信号语言在他的住处和实验室之间通话。搬到普林斯顿以后，他进一步改进了这一装置，并把地球作为一根导线，把线路的两端放在两口井里，使地球为闭合回路的一部分。亨利很可能是世界上第一个用地球做实际回路的人。接收信号的地方有一个木制的杠杆，杠杆一端连着一根短铁棒，另一端连着一个用来敲铃的小锤，铁棒正对着电磁铁的磁极，当发信号的人接通电源时，由于电磁铁发生作用，铃铛被敲响，信息就这样从一个地方传到了另一个地方。后来，亨利又发明了继电器，它使得电信号在电报线中的传输就像接力赛跑一样，每当信号衰减到一定程度的时候就被设在中途的继电器加强，利用继电器可以把电信号传送到任何地方。

在美国，第一架实用电报机的发明人是莫尔斯，他曾得到亨利的极大帮助。莫尔斯原是一名肖像画家，没有受过什么科学教育，缺乏电磁学知识，只是在欧洲旅行途中看到过一些业余爱好者所做的电磁实验。但他由此产生了利用电来发明新型通信装置的大胆念头，并为此画了一些草图，其后花了整整 3 年的时间去制作他所设计的装置，结果毫无收获。因为他使用的是一个单电池和一块斯特金电磁铁。纽约大学的盖尔读过亨利的论文，了解亨利关于电磁电报的一些知识。当他 1837 年看到莫尔斯的一份设计时，对莫尔斯很同情，于是建议莫尔斯采用串联的电池和绝缘的绕组。采纳了盖尔的建议后，莫尔斯的电报能将信息传出300多米。后来盖尔前往南方任教，莫尔斯只好动身去普林斯顿直接向亨利本人求教。亨利纠正了莫尔斯设计中的一些错误，让他采用自己发明的继电器。在亨利的帮助下，经过几年的不懈努力，莫尔斯终于在1840年取得了美国第一架电磁电报的专利权。后来，又获得国会拨款，架设了一条从巴尔的摩到华盛顿的电报线。1844年5月24日，这条电报线首次传送了信息，有线电报获得成功，并以此为标志，迎来了一个全新的现代通信产业的诞生和发展。

在英国，人们普遍认为惠斯通是电磁电报的发明人。有许多材料证明惠斯通曾得益于亨利的指点。那还是1837年4月，当时亨利正在英国访问，有一次去伦敦皇家学院，惠斯通正在设计他的电报装置。他发现自己使用的电磁铁不足以在远处产生电信号，试图采用两套线路来补偿长线路中的电力损失。亨利检查了他的装置并讨论了他的计划，向惠斯通指出了采用两套线路的缺陷，告诉他如何使电池和线路匹配。惠斯通正是采用了亨利的方法才最后取得成功。英国的费伊曾这样写道：

> 直到会见了亨利，惠斯通才知道欧姆定律在电报线路上的应用，这是确定无疑的。

另有一位英国权威人士说过这样的话：“我们坚定地认为，亨利为发展电报所做的比惠斯通曾经知道的全部总和还多。”

如果说有线电报的发明为信息革命开辟了源头，那么无线电波的发现则引发了信息革命的洪流。

1827年，萨瓦里在实验中发现莱顿瓶在放电时，放在不同地方的小钢针磁化后，磁性有时候不一样。1838年，亨利曾在一篇论文里讨论过萨瓦里的问题。1842年，他报告了他进一步进行的莱顿瓶振荡放电实验：他让莱顿瓶放电时产生的瞬时电流通过一个中心放着钢针的线圈，结果发现针的南北极会发生变化，虽然莱顿瓶每次的放电电流方向并没有改变。他还发现不同型号的钢针磁化后极性并不一致。亨利把这些现象解释为正、反方向的振荡放电，直到在互感和自感的作用下达到平衡为止。他说：

> 放电——无论它的特性如何，不能用从莱顿瓶的一边到另一边的单向电移动来表示。这些现象要求我们承认一个方向上的主要放电，然后有若干次前后反射作用，每一次比前一次更弱，直到获得平衡为止。

亨利用他的振荡放电理论完满地解释了被磁化的钢针极性不一致的现象。是不是只有莱顿瓶放电才是振荡的呢？亨利觉得这里面大有文章。于是，他设计了各种各样的实验，对不同的放电现象进行研究。一次，一个偶然的发现使他大为吃惊：由上层房间一个线路末端放出的足够强烈的火花磁化了放在正下方地下室里平行线路中的小钢针。两处垂直距离9米，其间隔着两层楼板和天花板。“感应”竟可以无须导线传播，在相当远的地方发生，这是亨利万万没有想到的。火花怎么会使 9 米以外的小钢针磁化呢？亨利经过思索，敏感地想到了莱顿瓶放电的振荡性，觉得这里的火花也应该是以振荡的方式从他的晚餐室传到了地下室。经过实验，情况确实如此。现在我们知道，亨利实际上接收到了电磁波。

为了进一步研究电火花的传播，亨利做了一个类似富兰克林测定雷电性质的实验，不过，他用的是“感应”原理。他用他的白铁房顶作为“感应”面，一根导线一头焊在房顶上，一头放在水井里，线路的中间接上螺线放在他的书房里。当天空出现闪电时，放在螺线里的小针被磁化了，哪怕闪电是在十几公里以外的地方，雷声都几乎听不见。结果和莱顿瓶放电一样，同时磁化的不同型号的小钢针，极性不一致。这说明闪电的放电也是振荡性的。

根据对电流和磁的相互作用以及电火花传播的观察，亨利得出结论：电是以波的形式传播的。在 1851 年 8 月提交给美国科学促进协会的一篇关于振荡放电和它的感应能远距离传输的论文里，亨利说：

> 因为这是电流改变方向的结果，它们一定在周围空间产生一系列即使和波不一样，也是类似于波的起伏运动。

在这里，亨利关于电磁传播的波动性的思想已经很明朗了，亨利凭借一个伟大科学家所特有的直觉，天才地猜测到了电磁运动的本质，这在电磁场理论尚未确立的当时是难以想象的。亨利的这一思想启发着许多后来的研究者，最后被麦克斯韦概括在他的方程组里。直到 1856 年，法拉第还在日记里记录了对亨利的这些研究感到的惊讶。

六、为了美国科学事业的腾飞

美国在殖民地时期和建国初期，经济落后、技术薄弱，当时的人们不得不一方面模仿和移植欧洲现有技术，另一方面借助于欧洲人发展的科学原理开发适合自己国情的新技术。美国建国后不久颁布的专利法刺激了美国人发明创造的热情，结果涌现出一大批技术发明和革新能手。仅 1850 年一年，美国就批准了 2813 项专利，平均每天 7 项。

亨利在积极从事电磁学基础研究时，美国普通民众正为国家众多的技术发明以及由此带来的改善生活条件的前景满怀希望。许多人认为，科学不过是高雅之人的一种消遣，只有技术才是改变社会的真正动力。从事实际工作的人普遍对理论探索者持有偏见，认为所谓科学只是纯粹的假设，从这些假设中不能得到任何好处。就是在科学家内部，也有不少人对科学的社会作用抱着怀疑的态度，甚至有人放弃科学研究而专事发明。

大批有才华的人因此涌向技术界，使得本来就落后的基础理论科学的研究难以振兴。如果美国一如既往地只重视技术发明而忽视基础理论科学的研究，它在技术上的重大进展最终必将停止。要想使美国的经济始终保持良好的发展势头，根本的方法就是为技术发明和经济发展奠定牢靠的基础，使科学和技术协调发展。

亨利早在奥尔巴尼学院任教时就已萌发了“抽象研究”和“实

用研究”协调发展的思想。他认为，科学和技术的协调发展并不意味着两者总是保持不变的比例，而是在不同的历史时期，由于社会经济发展水平不同而应该有所侧重。在经济不发达、技术比较落后的情况下，应当较多注意技术的开发和应用，从而为科学发展提供足够的物质基础；在经济发达、技术领先的时候，则应较多注意基础科学研究，以便为技术的开发创造出更丰富的知识储备。

亨利在以后担任科学领导工作期间始终力图使这一思想付诸实践。

1846 年 12 月，亨利举家从普林斯顿的新泽西学院移居华盛顿，出任史密森学社的第一任社长。此后的 32 年，他一直在国家一级的层次上指导和推动着全国的科学研究活动，把美国的科学事业不断推向新的水平，为美国科学事业在 20 世纪的腾飞奠定了基础。

新泽西学院，即普林斯顿大学前身，其工作条件比奥尔巴尼学院好得多，在这里，亨利对电流自感现象进行了深入的研究，改进了他的模型电磁电报机，成功地解释了莱顿瓶放电现象，猜测了电磁运动的波动性，进行了电流高次感应的实验。亨利的工作得到学院董事会的赞赏，年薪从原来的 1000 美元提高到 1500 美元，而当时有的教授年薪只有 600 美元，学校还专门为他建造了住房。亨利对这里的条件很满意，他常常回忆说，在普林斯顿度过的 14 个年头是他一生中最幸福的时光。然而，为了开拓更广阔的科学生涯，他还是放弃了这种自由自在的生活，离开了普林斯顿。虽然他已经意识到新工作将十分艰巨，有可能要卷入令人厌烦的无休止的争论之中，同时也意味着将没有时间和精力来从事纯粹的科学研究。

史密森学社的创办资金来自一位英国富商兼化学家史密森的10万英镑遗产，美国政府是经过一番犹豫踌躇之后才接受了这笔捐赠，并通过一项正式法案在华盛顿特区建立了这个机构。这是美国第一个带有某种半官方、全国性的科学机构，由副总统、首席法官、三名参议员、三名众议员和三名自由公民组成的董事会作为最高监管机关，社长所领导的行政部门进行日常运行管理。实际上，对于应该把史密森学社办成一个什么样的机构，从1838年到1846年，国会曾为之争论了8年之久，但最后还是没有争出个所以然来。只能先干起来再说，走一步瞧一步。

史密森学社董事会成立后，董事们主张将遗产收益的一半用于藏书。亨利认为这与国会图书馆的作用重复，对科学事业的腾飞并不能产生什么特别作用。他主张要将收益的大部分用于支持开创性的研究，并为实现这个主张进行了多年努力，最后终于获得一定的成功。

在史密森学社所资助的众多基础研究项目中，最突出的是人类学研究。亨利认为，人类学是一门综合性学科，人类学研究的进展必将带动其他学科的研究，为物理学、博物学、考古学、语言学、历史学的研究提供广阔的园地。美国19世纪著名人类学者摩尔根的相关研究就曾得到史密森学社的大力支持。

为了推进美国的基础科学研究活动，亨利设立专门的资金来为研究者出版那些含有新发现、新见解，但销售量比较少，普通出版商不愿出版、论文作者又无力出版的科学论著，使从事科学研究的人能及时了解科学研究的最新进展。而在此之前，许多有价值的论著由于没有发表机会而被埋没。这种情况在当时很普遍。到亨利逝世时，史密森学社共出版了 21 卷大 4 开本的“史密森学社的贡献”系列图书，其中包括 100 多篇不可能由当时的任何出版机构出版的重要论文。

亨利还在学社里设立了国际交流部，旨在和国外的科学机构交流科学情报，让全世界都能及时了解到美国科学家们的科学成果，也让美国科学家们能尽快知晓世界科学的最前沿。亨利早年的经历使他深深感到地理上的闭塞和科技信息的缺乏是限制、阻碍科学发展的重要因素。

为了改变普通公众对科学抱有的偏见，史密森学社还定期举办学术演讲活动，邀请许多国内外知名科学家和学者参加演讲，英国著名学者丁铎尔和赫胥黎都曾登过史密森学社的讲台。他们精彩的演讲在美国一度引起轰动。亨利高兴地看到，他发起的这场演讲活动很快扩展到全国几乎每一个稍具规模的城市，活跃了思想，开阔了人们的眼界，加速了科学信息的传播，在一定程度上改变了社会公众的爱好。1873 年，纽约《论坛》的编辑里德就此发表评论说：

> 10 至 15 年前，这所大学的学生课外阅读、课外谈论的主要内容，是英国诗歌。但是，现在情况变了，阅读和谈论的完全是英国的科学了。赫伯特·斯宾塞、约翰·斯图尔特·穆勒、托马斯·赫胥黎、达尔文、丁铎尔等科学家已经完全取代了丁尼生、布朗宁等诗人和作家的席位。

史密森学社的建立和发展有力推动了美国的科学研究活动，特别是“抽象研究”活动。为了更有效、更广泛地在全国范围内开展各种“抽象研究”活动，亨利还帮助建立了许多全国性的科学学会，并在不少学会担任职务，指导它们的工作。

1868 年，亨利被推举为美国国家科学院第二任院长。国家科学院 1863 年在南北战争的炮火声中诞生。国家科学院在成立的头几年里，并没有起到它应有的作用。在亨利接任院长职务时，国家科学院已濒临垮台。亨利上任后，取消了那些仅有金钱和地位而并没有什么科学才能者的院士资格，吸引那些具有开创性研究的科学家进入国家科学院，从而引领了全国的科学研究工作，使国家科学院摆脱了危机，真正成为全国最高科学机构。今天，美国国家科学院集中了世界许多一流的科学家，全世界的诺贝尔科学奖获得者有一半以上是美国人，这些人有四分之三以上在获奖前就已经是国家科学院院士。

在亨利等人的极积鼓动和热情支持下，19 世纪末，美国的科学组织结构网基本形成。亨利后半生所从事的科学组织工作为美国科学事业在 20 世纪的腾飞奠定了牢固的基础。但这一点似乎并未被更多的人所认识。科学史与科学社会学家贝尔纳曾这样评论说：

> 约瑟夫·亨利的例子是最悲惨的事例之一。他的才能不在法拉第之下，但他在史密森学社担任社长而虚度了大半生。

按照贝尔纳的这段评论，似乎科学组织工作不算对科学的贡献。这就未免失之偏颇了，实际上贝尔纳本人在其《科学的社会功能》中，就曾大声疾呼全社会要加强对科学的组织和管理。就对美国整个科学事业的贡献来说，亨利的后半生工作并不亚于前半生。也许亨利失去了直接在科学研究中可能会得到的个人贡献和荣誉，但却赢得了整个美国科学事业的繁荣。就对整个人类的科学来说，情况也是如此。当时的科学中心在欧洲，亨利个人的科学成就可能未必能影响整个科学的发展进程，但亨利的科学组织工作却改变了整个美国的科学状况，少了一个继续从事物理学研究的亨利，但不久之后就增加了诸如吉布斯、迈克耳孙、密立根、康普顿等这样一大批具有国际声望的美国物理学家及其科学成果，这为 20 世纪世界科学中心从欧洲向美国转移准备了良好条件。在历史的关键时刻，一个科学组织家比一个单纯从事科学研究的科学家发挥的作用更大，亨利的经历就是最好说明。

七、让科学造福于人类

亨利相信科学具有巨大的社会功能，科学的发展应该而且一定能够造福于人类。他之所以大力支持“抽象研究”，最终目的就是要使人们从中得到更多的实惠。一旦某个科学原理有了应用于实际的可能，他总是尽力使之成为现实。他觉得，科学研究如果不为国民利益服务，不为正义事业服务，它的价值将大为降低。因此，亨利在担任有关政府职务期间，除大力支持全国的“抽象研究”外，还亲自组织了许多与国民福利有关的“实用研究”。

在美国，恶劣的气候经常使大面积庄稼受到损害，特别是沙尘暴，更是令人生畏。早在奥尔巴尼时期，亨利就立志要进行气象研究，掌握天气的规律，使人们免遭恶劣气候之害。1825 年，纽约州建立了一个气象观测系统，为每一个自愿参与这一工作的学院提供气象设备。亨利积极地为其工作，他和贝克博士等人负责把所有的观测结果编制成表。1830 年，亨利还绘制了一张所有气象站的经度、纬度和标高表。

亨利认为大气现象一定和普遍的物理原理有关，气象研究有助于物理原理的发展，物理原理也一定能在气象研究中得到应用。他强烈地意识到，要想战胜恶劣的天气，需要进行更广泛、更持久、更系统的观测。1839 年在普林斯顿的时候，他和贝奇一起鼓励美国哲学会正式向联邦政府请求在全国范围内建立气象站，但没有成功。亨利出任史密森学社社长后，实现这一愿望的机会来到了。

亨利到任学社后一年多，就在他的第二个年度报告中提出了关于气象研究的合作计划：由分散在全国各地的志愿观测者组成的大网络获得气象记录材料，进行大气现象的研究和天气形势的预报。史密森学社建立的这套气象观测系统大大超过了欧洲的规模，是世界上第一个电报通信气象观测系统。1869 年，国会通过了建立美国信号服务气象局的法案。史密森学社的气象观测系统最后全部移交给了新的气象局。

1852 年，美国灯塔研究会成立的时候，菲尔莫尔总统任命亨利为灯塔研究会的实验委员会主任，负责有关的实验工作。由于灯塔上使用的鲸油越来越贵，研究会决定寻找一种廉价的代用品。为此，亨利在斯塔滕岛上的灯塔站安排了一个内部涂有黑色涂料的防火暗室，对各种有可能作为鲸油代用品的油料进行实验，测定它们的各种性能。实验表明：猪油比鲸油的比重大，在灯芯中的毛细作用比鲸油小，流动性也比鲸油小，因而燃烧时发出的光远不如鲸油的强烈、明亮，但是，猪油的流动性和毛细作用随着温度的增加比鲸油来得迅速，大约到了 120° C 时，猪油的这些特性超过了鲸油。这说明，只要条件适合，猪油完全有可能替代鲸油作为灯塔上的照明材料。通过改进当时灯塔上使用的灯具，到 1866 年，猪油最终取代鲸油，使用在所有的灯塔上。猪油比鲸油燃烧时发出的光更强烈、更明亮，而当时它的价格只有鲸油的四分之一。这一代替每年可为政府节省 10 万美元。

南北战争期间，亨利坚决反对南方的分裂活动，支持林肯总统代表的正义事业。史密森学社成了战时科学研究的重要基地。亨利对国内战争期间的航空队长、最早的气球驾驶员洛厄的气球实验极感兴趣，鼓励他进行研究并帮助他见到了林肯总统。这次会见促成了气球在南北战争中的使用。林肯在南北战争期间签署了一系列支持科学技术发展的重要法案。因此，我们可以说，在亨利进行的许多实验中，他的合作者和助手常常就是林肯总统。

亨利在他生命的最后几年里，用了大量时间来指导雾信号的研究。当时在海上出现雾的时候，光信号不起作用，雾信号是用放炮来表示的，但它效率低，爆炸时间间隔长，持续时间短，危险而又昂贵，因而撞船事故时有发生。为了保障海上的航行安全，亨利指导了大量研究工作，最后试制成功一种新的警报器。新的警报器利用钢簧片的振动束发声，用蒸汽来推动簧片振动。1867 年，在桑迪湾进行了大规模的比较实验，最后确定了汽笛警报器的有效尺寸和外形。使用每平方厘米 6 千克的气压，簧片每秒振动 350 到 400 次。在通常情况下，这种警报器发出的声音能传到 30 千米以外。汽笛警报器的使用，使海上事故大为减少。人们一致认为，这种警报器是当时世界上最理想的雾信号系统。

1878 年 5 月 13 日，亨利因患肾脏病在华盛顿与世长辞。他被安葬在乔治敦的橡树山公墓，参加葬礼的有政界和科学界的知名人士、和亨利有联系的各种团体代表及许多私人朋友。根据国会参、众两院的决议，纪念亨利的仪式于 1879 年 1 月 16 日在众议院大厅里举行。纪念仪式由副总统主持，总统、内阁成员、两院议员、史密森学社的董事和各科学团体的代表参加了纪念会。在美国历史上，从来没有一个毫无政治或军事声望的科学家享受过如此待遇。安放在史密森学社大楼前和国家图书馆圆形大厅里的亨利的青铜塑像是对亨利的永久纪念。

（作者：解道华）

尤曼斯

第二次工业革命时代的科学传播者

爱德华·尤曼斯

（Edward Youmans，1821—1887）

19世纪中后期是美国工业迅猛发展的时期，也是世界第二次工业革命来临和兴起之际。这次工业革命不再是常识与经验的产物，而是与科学知识的积累和传播有密不可分的关系。在美国，有这么一批科学技术的传播者，他们的活动对工业革命和经济社会的发展起到了至关重要的推动作用。在这些人中，爱德华·尤曼斯是非常杰出的人物之一，是集科学家、作家、演讲者、编辑和教育家于一身的一代科学达人。

爱德华·尤曼斯的一生与英国哲学家、生物进化论信徒赫伯特·斯宾塞紧密相连，他们之间相互扶持，为生物进化论在美国的传播与普及发挥了重要作用。尤曼斯于1872年创办的《大众科学月刊》至今已有150年的历史，这本在美国和国际上都具有广泛影响的科普刊物，在传播科学知识、帮助公众形成科学思维习惯方面的贡献和“长盛不衰”的发展历程已经成为科学传播界的传奇。

一、生平述略

距今200多年前的1821年，爱德华·尤曼斯出生于纽约州首府奥尔巴尼一个普通的农村家庭。父亲文森特·尤曼斯是一位农夫兼马车制造者，他虽然不富裕但很有主见，而且思维敏捷、口才雄辩。母亲凯瑟琳·斯科菲尔德是一名教师，据记载，她是一位做事谨慎小心、为人大方得体的妻子和母亲。爱德华·尤曼斯在很大程度上承袭了父母性格上的特点，成人后一方面思维缜密、滔滔雄辩，另一方面又踏实做事、认真做人。

追溯尤曼斯家族的足迹，除曾祖母是来自荷兰的移民外，他的父系祖先均是纯粹的英国人，母亲的祖父是爱尔兰人。尤曼斯富有同情心和迷人的风度及活力四射的个性特征，也许跟他的一小半爱尔兰血统有点关系。

尤曼斯对生活的简朴态度和对自然的美好感觉既是源于出身，也是通过早期的训练培养出来的。童年时代，尤曼斯家境贫寒，父亲经营一家马车店，依靠微薄收入养家糊口。身为 7 个孩子中的长子，他很早就担负起家庭的责任，帮忙照顾弟弟妹妹，长兄如父般地关怀他们。可以说家庭对尤曼斯的影响和教育远远大于学校，虽然他们的生活并不富足，但有很多真正的乐趣。父母不辞劳苦地工作，就是为了子女取得良好的教育。虽然赚钱不多，但是书籍和报纸却是尤曼斯生活中不可或缺的东西。不仅如此，尤曼斯的家庭氛围美好而和谐，邻居们经常聚集到他的家中讨论热门话题，内容涉及政治、神学、社会改革、农业发展等各个方面。儿童和少年时期的尤曼斯就已经能够针对某些问题充满热情地发表自己的一些见解了，这种经常性的讨论无疑为他提供了一系列锻炼独立思考能力和培育演讲口才的好机会。

上学之后，尤曼斯热爱读书又喜欢讨论问题，而且他也幸运地遇到了一位优秀的启蒙老师——古德叔叔。这位老师摒弃了通常的那种“填鸭式”教学方式，善于激发学生的独立思考能力，使尤曼斯从中逐渐学会了质疑和检验的学习方法。结束学业后，尤曼斯还是会经常拜访这位令他钦佩的师长，他们保持了长久的师生之谊。除了传授知识，古德叔叔对个性的尊重也给尤曼斯留下了深刻印象，这对他后来伦理道德观的形成具有启发意义。之后，当达尔文表明有机进化在个别的植物和动物身上自发地发生时，尤曼斯就断言人类中的个体在思想领域也有同样珍贵的表现，应该去尊重和培养那些给予族群最佳进步的机会。

青年时代的三个特殊因素直接促成了尤曼斯对科学的强烈追求和衷心热爱。这三者是眼睛失明、农业耕作和宗教信仰。

少年尤曼斯曾是个身强力壮且热爱锻炼的运动男孩，他的视觉非常敏锐，在射击活动中总是率先击落目标。他的兴致还体现在很多田野活动上，劳累并快乐着。但是，这一切都被一场突如其来的眼睛疾病给打断。尤曼斯在 13 岁时不幸患上了一种眼部炎症，导致视力急剧下降。但他没有沉沦，仍旧用微弱的残余视力坚持阅读和写作，口袋里总是装着一张报纸、一本小册子，或者是一本书，利用每一段闲暇时间阅读，节省出午餐时间进行写作。在那些黑暗的日子里，尤曼斯用清教徒般的精神追求他的目标，他常常忽视朋友们的劝告，几乎是“没有娱乐活动”。从 14 岁到 17 岁，他的生活完全是在薄弱的视力与热情的读书中度过的，他似乎没有意识到潜在的危险，即使意识到了，根据他的所作所为，估计也是宁愿失明也不想成为一个无知的人。由于他的那些“轻率”行为以及庸医的不当治疗，到 17 岁时他几乎完全失明。漫长的十几年失明岁月打乱了他的学习计划，但却使他找到和确定了未来的职业规划。30 岁时，他在纽约接受治疗时，得到一位名医的细心照料，视力终于得到了部分恢复。从这个不幸事件中，尤曼斯一方面体验到生命之脆弱，另一方面又深感科学之强大。于是他下定决心毕生投身科学事业，将科学的福音传播出去。

16 岁之前尤曼斯在农场帮父亲干活，正是这段耕作经历燃起了他对自然和科学的浓厚兴趣。他发现父亲和邻居们的耕作方式盲目、原始，认为这是他们缺乏科学认识的表现，于是他提出应该在科学原理的指导下管理农业生产。后来他在研究农业化学时，发现学生们总是被强行灌输一些化学名词，而不理解真正的化学原理和化学反应过程，于是在 1851 年，当他的眼睛复明后，立即着手设计了一张化学图集，用彩色图表和符号来表示化学元素和化学原理，并附有解释性文字。该图集是一张使用彩色画面传达定量信息的开拓性出版物，7 年前英国曾出版了一本伯恩版的《几何原本》，尤曼斯很有可能从中获得了灵感。由于这张化学图集的巨大成功，尤曼斯进而开始编写化学教科书，尽量通俗易懂、简洁明了。这本教科书被当时耶鲁大学的本杰明·西利曼教授评为化学领域最优秀的四本教科书之一，发行量达 15 万册，奠定了尤曼斯作为科学作家的良好口碑。

至于宗教对尤曼斯的影响，还要追溯到他的家族渊源和文化传统。尤曼斯的父母都是新英格兰的清教徒，他常常被父母的虔诚精神所感染，为人处世也勤奋、冷静、和善，体现了马克斯·韦伯所极力描述的那种清教的伦理道德。他的中间名字利文斯顿是由外祖母取自一位令人尊敬的牧师，其用意是希望尤曼斯也能从事这一职业。虽然尤曼斯充分承袭了家人乐善好施的品格，但他认为拯救人类的灵魂不一定非得成为一名牧师，科学普及这一工作也许更能展现人的崇高品德和深邃思想，所以他常常说服家人传播科学才是世界上最重要的工作，他要以自己的方式影响人们的思想与行为，这一想法逐渐得到了家人的理解和支持。

除了家庭的影响，美好而和谐的婚姻也是支撑尤曼斯从事科学工作的重要动力。1861 年，已经四十不惑的尤曼斯与一位法学家的遗孀，优雅、有教养、文学底蕴深厚的威廉·李结婚。她是一位富有理解力与智慧的妻子，对于丈夫所期望从事的科学工作表现出极大的理解与热忱。通过担任丈夫的抄写员，以及他事业、旅行上的助理和伙伴，威廉·李帮助尤曼斯与英国和美国的很多杰出人士建立了亲密关系，赢得了尤曼斯发自内心的赞许。婚后第二年，尤曼斯在妻子的陪同下首次到英国和欧洲大陆旅行，拜访了赫伯特·斯宾塞等英国和欧洲的知名人士，并最终与他们建立了友谊。

从 19 世纪早期开始，科学知识在刚刚建国不久的美国开始传播，并逐渐形成了一股风气，其基本方式方法就是开始以各种媒介载体告诉人们科学是什么、科学家是什么样的人、他们都知道些什么、这些知识对普通人有什么价值和意义等。随着社会的发展和人口的增长，科学普及工作的规模和数量也在增加，慢慢形成了一定的社会性机构和制度，载体也在不断多元化和多样化，包括书籍、期刊、公共讲座、博物馆、年鉴、报纸和业余科学组织等。尤曼斯积极参与了上述制度化过程，在多种机构中都工作过。可以说，不断促进美国的科学传播就是他终其一生所从事的事业。

1852 年是尤曼斯生命的一个重要转折点，青年时代黑暗、痛苦且漫长的失明岁月终于结束了，他很快就成为科学演讲中的佼佼者。在接下来的 17 年中，他在美国许多城镇发表与科学主题相关的演讲，播撒科学思想的种子，唤起人们在科学方面的兴趣。尤曼斯自己对那些与生物进化论有关的科学和哲学著作特别感兴趣，总是尽一切所能，通过报纸或期刊等出版物把这些科学和哲学的观点与思想推向广大公众。正因为此，他与赫伯特·斯宾塞、托马斯·赫胥黎等著名主张进化论的哲学家和科学家结下了深厚友谊。在他的推广和帮助下，斯宾塞的著作在美国成为畅销书，发行量达到 13 万本。这在 19 世纪对于学术性著作而言，的确是一个惊人的销量。在他的推动下，斯宾塞所主张的进化论在美国也产生了广泛的社会影响。

尤曼斯的许多工作都是与一家名为阿普尔顿的出版公司共同合作进行的，在合作的过程中，他希望该公司除出版图书之外，也能够考虑出版一本以科学为主题的期刊，以便更好地在美国民众中普及科学知识。这个愿望在 1869 年终于得以实现，一本最初名为《阿普尔顿大众文学、科学和艺术期刊》的出版物正式出版发行，由尤曼斯担任主编。这样一来，他就获得了一个相对稳固的园地来及时为公众报道当时的最新科学知识和先进科学思想。但由于公司担心曲高和寡会失去普通读者，导致商业利益上的损失，因而对刊物的科学内容版面不断进行限制，致使有关科学内容的报道越来越少，这引起尤曼斯很大不满。最终的结果是在仅仅担任主编一年后，尤曼斯就决定辞职，另谋出路。之后他通过给一些报纸撰写文章和到大学兼职教授科学课程的方式，一面维持生活，一面继续传播科学知识。但他的办刊物传播科学知识的梦想并未泯灭，只是在等待另一个适当机会的来临。

作为一名科学活动家，1871 年，尤曼斯策划了一个名为“国际科学丛书”的图书出版活动。这是尤曼斯利用自己已经形成广泛影响的科学传播者名声，遍邀欧洲科学界各个领域中最杰出的科学家撰写的一部丛书。除内容的考究、规模的庞大外，尤曼斯还对丛书在纽约、伦敦、巴黎、圣彼得堡和米兰等地的出版发行工作做出精心安排，使丛书无论是在影响力还是销售方面，都获得巨大成功。到 1888 年尤曼斯去世之前，该丛书已出版了 64 卷。

纵观尤曼斯一生所取得的成就，其中最耀眼也对后世影响最大的，当数他于 1872 年创办的《大众科学月刊》。该期刊以其作者之权威、报道之广泛、消息之及时、内容之实用、思想之深刻、文字之流畅、插图之精美等一系列优点，获得了公众的普遍欢迎，也成为尤曼斯一生事业的高光亮点。刊物在他的主持下发行了 28 期，除密切关注当时的主要科学议题，刊登大量杰出科学家的纯科学文章外，也聚焦很多现实技术问题，解决民众的急迫关切。刊物的创办及畅销，对美国科学传播事业产生了深远影响。时至今日，这本刊物（刊名后改为《大众科学》，去掉了“月刊”一词，是因为现在每月不止出版一次了）不但仍在美国出版发行，成为一本持续 150 年历史的普及性科学刊物，而且还扩增有 11 个版本，以 9 种文字（包括中文版）在全世界各地同步发行，创造了科学传播事业的一个传奇。

尤曼斯一生对工作极度充满热情，导致他过度劳累，身体健康受到严重损害，结果未老先衰、英年早逝。所以在某种程度上，他是个矛盾的人，一方面热爱科学、传播科学，另一方面自己在健康领域又不怎么遵守科学道理，特别是在他过世的前几年，可能是深感来日无多而拼命工作，终于耗尽了全部精力，健康状况每况愈下、一蹶不振。从 1882 年开始，他的肺部出现严重问题，但他还在坚持工作，直到 1886 年一病不起，生命的尽头到来。

尤曼斯的生平活动除大量巡回演讲、编辑出版丛书和科学刊物之外，还自己钻研多个领域的科学知识，发表许多熔研究性与普及性于一炉的著作，其中一部分曾一时洛阳纸贵，成为当时的畅销书。例如《酒精和人的体质》（纽约，1853）、《化学图谱》（1854 年修订扩展）、《家庭科学手册》（1857）、《力的守恒和相互关系》（1864）以及《现代生活所需要的文化》（1867）等。从这些议题广泛的著作中，可以看出尤曼斯是个科学上的多面手，不但精通化学、生物学等学科，对物理学也多有认识，并且还提出了若干超前的科学观点和判断，这使他跻身当时的科学作家行列，并且这些畅销书也为他个人带来可观的收入。当然他本人的愿望，还是当一名科学知识的传播者。

二、科学演讲

北美独立战争后的 19 世纪上半叶，经过几十年的沉寂，由于语言文化上的天然连接，新生美国与老牌英国的关系逐渐解冻。加之在工业技术上对英国产业革命的模仿，在经济上作为英国和欧洲原材料产地和成品销售市场，反映在文化领域就是对英国的亦步亦趋。特别是在英国进入所谓“维多利亚黄金时代”，导致来自英国的文学家和出版物在美国也成为主流，人们甚至以追逐伦敦的流行议题为时髦，从而淹没和丢失了很多美国自己的独立性。

针对这种社会状况，美国本土涌现出一批提倡创造本土文化新传统的学者和文化人，例如著名的爱默生、诗人惠特曼等。他们主要是从人文方面提倡新文化，而在科学方面比较突出的，就是尤曼斯。

尤曼斯也学习了爱默生等人的方式方法，经常举办公开演讲会，但他是以科学方面的内容吸引听众。这种演讲往往是系列的，既有固定会堂式的，也有巡回式的，当然也会向听众收取一定的费用，就像报道新消息的媒体也会收费一样，吸取新思想其实也是有代价的。当然，演讲者们需要具备相应的能力，也要讲究相应的技巧。

1852 年，尤曼斯终于从长达 13 年的失明岁月中解脱出来，他立即投入到科学演讲的队伍中，从此开始了 17 年（直到 1869 年）繁忙而充满乐趣的科学演讲者生涯。其实，尤曼斯的科学演讲经历可以追溯到他的童年时代。那时，只有 13 岁的尤曼斯便说服父亲给他买了《康斯托克的自然科学》。他在家中自学这本书，并且用自己设计发明的仪器反复做实验。他制作出一个离心水轮并向邻居家的孩子们解释其科学原理，这可以视为尤曼斯科学演讲的最早尝试。

已过而立之年，既对化学和物理学都颇感兴趣，又喜欢向公众普及科学知识的尤曼斯，选择科学演讲作为职业，似乎是顺理成章的事情。他的第一次演讲便充满了戏剧性。当时演讲的主题是“有机生命与大气的关系”，需要用简单的化学仪器当场给听众做科学实验。也许是因为初次面对如此多听众而产生了紧张感，也许是因为视力还没有完全恢复而看不清字，他无法依靠演讲稿，想表达的东西开始时总是在舌尖打转，无法顺利吐出。就在评价氮气的惰性特征时，他指向眼前装满氮气的广口瓶，却不想一下子把广口瓶从桌子上撞倒了。面对如此情景，尤曼斯倒也没有惊慌失措，而是惊醒般深吸一口气，迅速回归到平时那种妙语连珠、充满情趣的演讲状态，从而挽回了演讲现场的热烈气氛。熟悉演讲的人都知道，没有什么东西比笑声更能调动听众情绪、充当演讲中的润滑剂了，尤曼斯实际上具有一种调皮话张口就来的能力，所以第一次演讲圆满结束。当然，笑话虽然有趣，但绝不是演讲的主菜，科学内容才是演讲的生命。

所谓时代造英雄，尤曼斯的科学演讲活动恰逢其时。自牛顿时代以来，所有新奇而重大的科学发现和技术发明逐渐进入人们的视野，令人目不暇接。19 世纪号称“科学的世纪”，出现了诸如道尔顿原子理论、赖尔地质演化理论、达尔文生物进化理论、拉普拉斯天体力学理论等许多新鲜的科学知识和诸如蒸汽机、汽船、火车等新的工程技术进展，这一切与社会经济发展问题交织在一起，为尤曼斯这样一名科学普及者提供了丰富多彩的素材和最佳的传授时机。虽然在科学普及领域，尤曼斯不是开创者，但他总是能在科学理论的发展过程中迅速抓住要义，并将其转换成公众能够理解的方式进行阐释和传播，这是一般科学传播者所不具备的能力。他还创造了用大量图示和实验的办法来说明理论，自己感兴趣的东西往往也急切地想与他人分享，他对科学普及的热情丝毫不逊色于对科学本身的热爱，这使他成为那个时代最杰出的演讲者之一。

他的演讲经常是场场爆满，有的听众听了一遍还要再听一遍。在尤曼斯写给妹妹的一封信中提到，在一个狂风暴雨的晚上，当他在阿什塔比拉做演讲时，一位教师不顾恶劣的天气驱车从 10 英里外赶来，听过演讲之后，他感叹道：“我还要再听一次！”他说，这次演讲开启了他在科学上的第一幅“图景”，将成为他学习的转折点。尤曼斯还很喜欢与听众互动，每次演讲结束后，他习惯以轻松自由的方式引导听众彼此畅谈，也总能从中得到有用的线索，了解到什么样的授课方式是最有效的，怎样找到高水平听众与低水平听众的结合点等。

尤曼斯到美国各地巡回演讲，足迹遍布上百个小镇。演讲过程充满着艰辛，过度劳累使他的眼睛肿胀发炎，后来还患上了风湿病和重感冒以至于不得不退出他所钟爱的演讲课堂。他在这 17 年里积极进行公开的科学演讲，在美国公众的心中播撒下科学思想的种子，逐渐促使他们形成科学思维，是他们科学教育的启蒙者。他所到之处，人们头脑中的新思想、新问题正在形成，当地居民的思维更加开阔。这些效果在后来更是清晰可见，赫伯特·斯宾塞的哲学思想在其他所有讲英语的国家都没有像在美国这样得到如此广泛的接受和认同便是最好的证明。1873 年，布法罗一家报纸称，尽管尤曼斯以科学家著称，但他作为一名公认的科学教育家也是相当成功的。

三、传播进化哲学

尤曼斯不仅是一位科学演讲者，他作为出版社的顾问与科学演讲者的工作是互为支撑、相互促进的。当时美国很多地方存在着狭隘的地方主义倾向，不关注欧洲或世界其他地方的动向，不思进取，死抱着一些固有的传统观念，例如基督教关于自然的观念、人的观念和社会观念。尤曼斯认为这种来自中世纪甚至更早的传统见解对新时代的发展而言可能是有害的，至少是不利的。因此需要有人来打破封闭的僵局，引进更新颖的思想和见解。尤曼斯适逢其时，自觉自愿地承担了这种社会角色。

在还处于失明状态的那些日子里，有一天他在妹妹的陪同下到阿普尔顿出版公司的书店寻找一本书。在相互交流中，公司创办人威廉·阿普尔顿深感尤曼斯谦虚好学、理想远大，因此对他十分赏识，特意聘请尤曼斯担任了公司的出版顾问。在尤曼斯的建议下，公司开始出版当时已经开始流行的一些新锐科学家的著作，例如赖尔、达尔文、赫胥黎、丁铎尔、海克尔以及其他科学家和哲学家的作品。通过出版其著作，尤曼斯也与这些科学家中的很多人建立了深厚友谊。一方面，他们从尤曼斯那里获得了著作出版上的大量支持和帮助；另一方面，尤曼斯也从他们那里学习到最新的科学知识和见解，其中最为突出的一位便是当时热心宣扬演化哲学的英国年轻哲学家赫伯特·斯宾塞。

1856 年，尤曼斯偶然在《外科医学评论》上看到了一篇对斯宾塞新书《心理学原理》的评论，进而对斯宾塞的著作产生了浓厚兴趣。他发现斯宾塞的学说很对自己的口味，因为斯宾塞不但主张新时代的“科学大全”是对中世纪旧时代“神学大全”的全面替代，而且认为科学自身也将综合统一在一个框架之内。特别是斯宾塞实际上早在达尔文的生物进化论发表之前，就已经提出了一个所谓“社会进化”的观念，他将人类社会与生物有机体进行了类比，认为进化才是社会发展的最基本规律。当然他后来也引进达尔文进化论的自然选择法则到社会领域，鼓吹优胜劣汰、适者生存也同样适合人类社会的运行。这一套社会进化论学说在欧美国家曾经很流行，所以吸引到当时持科学主义观念对待社会问题的尤曼斯，应该也不是什么奇怪的事情。如同几十年后中国的严复翻译（实际是改写）《天演论》，也在中国宣扬社会达尔文主义，并得到国人的大力喝彩一样，是一个时代的产物。

尤曼斯在 1872 年曾专门发表了题为《赫伯特·斯宾塞和进化论》的演讲。在演讲中，他开首就说道：

> 在我们这个时代，思想世界发生的关于进化论的变化，在进步思想的历史上是前所未有的。二十年前，这个学说几乎被普遍认为是毫无根据和荒谬的猜测。现在，它被许多最有才能的科学人士承认为既定的原则，并且几乎所有人都承认它具有真理的基础，无论它最终采取何种形式。此外，它开始在许多主题的研究和考虑方式中产生了强大

影响，而那些坚持相信它的人不再被指责为无礼的恶棍或不可救药的傻瓜。

那么，为什么要相信乃至传播斯宾塞的学说呢？尤曼斯继续说：

> 现代科学长期以来受到传统信仰力量的限制，但事实和推理的力量最终证明它们才是更加强大的力量，并且也证明了目前关于世界起源的流行观念是不正确的……很明显，一个思想的伟大时代已经到来，因为看待自然和事物的观点从根本上永远改变了……生活、思想、人、科学、艺术、语言、道德、社会、政府和制度都是经历了渐进和持续发展的事物，只能用这种方式来解释，即增长和进化理论……（斯宾塞是）第一个从探索的角度，根据进化原理，制定出一个全面哲学体系（的人）。

所以说，斯宾塞的哲学体系，就是尤曼斯所追求的一种试图用科学或“事实和推理”来理解整个世界的包罗万象的统一理论基础。这也是他之所以热心宣扬斯宾塞理论的初衷。实际上，在他和其他很多人的努力下，斯宾塞哲学的确在美国广为流行了很长时间。

在具体的事务上，1860 年，经过尤曼斯的积极争取，纽约阿普尔顿出版公司开始进口发行斯宾塞的著作《教育论》，并且不久就获得了他的多部著作在美国的发行权。正是这一业务的达成，促成了尤曼斯与斯宾塞长达后半生的友谊。

1861年，尤曼斯新婚燕尔，第二年他带着妻子到欧洲旅行，就是在那个时候他见到了斯宾塞。斯宾塞比尤曼斯大一岁，早年是铁路工程师，后来转为职业学者和撰稿人。尤曼斯拜见斯宾塞的时候，他已经四十不惑，发表了几部哲学、政治学和教育学方面的著作，风靡整个英国甚至欧洲。但由于常年写作，积劳成疾，斯宾塞当时的健康状况较差，有时候甚至需要鸦片来解除痛苦。但作为一位自由学者，除了书籍的版税，他并没有其他固定的收入来源。要恢复身体状况，开展更大的研究计划，斯宾塞需要扩大自己作品的销量。这方面，他除获得赫胥黎等人在英国的帮助外，来自美国的尤曼斯对他的助益也是十分巨大的。所以可以想见斯宾塞对待尤曼斯夫妇的态度将会很殷勤热情，令尤曼斯对他留下良好印象。实际上也的确如此，尤曼斯在见到斯宾塞其人后，感觉他人如其文，充满睿智和激情，令人敬仰。这就增加了他将更多斯宾塞的著作引进美国的信心。

尤曼斯筹划了一系列对斯宾塞著作及其理论观念进行宣传和推广的工作。他亲自为这些作品撰写书评和图书简介，在各种报纸和杂志上发表，并取得了良好的宣传效果。他不仅要求自己不遗余力地撰写书评，并且每当找到其他适合的作家，他也推荐斯宾塞的作品，鼓励他们以同样的热情为媒体撰写书评。在美国，即使是那些为了获得商业利益而孜孜不倦的图书销售商，在宣传方面做出的努力也远远不及这位怀着普及进化论、改造整个国家精神的传播者。

尤曼斯一边在美国不断努力推广斯宾塞的著作，一边通过书信鼓励斯宾塞本人继续坚持创造性写作。他们彼此的书信来往，不仅讨论基本哲学问题，而且也经常涉及书在美国的定价、发行条款、发行数量等内容。可以说，尤曼斯为推进这些他心目中的最有价值的哲学著作在美国的出版竭尽了全力。

但到 1865 年秋天，伦敦忽然传来一条令人沮丧的消息——斯宾塞的作品将不能继续出版了，原因就在于至 1865 年夏天，因订户不足，出版他的作品已给出版社造成了高达 1100 英镑的亏损。当这一情况传到美国时，尤曼斯立即决定通过增加 5500 美元的订量来弥补损失。他把全部的精力投入到扩大订阅的活动中去，最终总计增加到 7000 美元的订量，帮助斯宾塞渡过了出版难关。在尤曼斯的努力下，阿普尔顿公司先后引进了斯宾塞大部分的著作，其中最具代表性的包括《心理学原理》《教育论》《第一原理》等。若要将尤曼斯与斯宾塞两人的关系做一概括，阿普尔顿先生的一句话最为贴切："我可以告诉你们一件事——只要尤曼斯活着，斯宾塞就不会倒下。"

四、创办《大众科学月刊》

整个 19 世纪，大西洋的两岸都是期刊的世纪，无论对于普通大众还是那些专业的读者，期刊都是一种非常重要的媒介，因而得到高速发展。期刊出版业的飞速扩张首先得益于印刷业本身的技术变革，当时是以蒸汽为动力的转轮印刷机为主，它能同时印刷两面。其次，义务教育制度的实施使得民众的识字率大大提高，期刊读者不再仅限于精英阶层而是拓展到大众。最后，美国那时相对宽松的报刊管理机制为创办者提供了便利。

在美国早期的期刊中，有科学技术内容的就已占到一定比例。比如当时比较流行的刊物《美国评论月刊》里，就有一个由博物学家拉芬内斯克负责编辑的固定栏目，给大众介绍自然界的动植物知识以及民间所流传的一些妖魔鬼怪的故事和一些科学方面的专门文章。还有在1827年的《美国评论季刊》杂志的头几期中，就曾直接刊载了大量科学技术新进展方面的内容。所以说，大众期刊用来传播科学知识从一开始就有了，只是并不普遍而已。

后拿破仑时代人们对科学的兴趣开始变得浓厚了许多，这除了教育事业发展的功劳，新的工业化浪潮以及文化理想的转型都起到相应的推动作用。一方面，在第一、二次产业革命中，美国不仅大量引进国外先进技术，而且高度重视自主发明和自主创新。许多新技术、新发明在美国开始出现。对个人特别是那些起点较低、没有什么资本的个人而言，通过智慧型技术发明来发财，不啻为一条相对简捷的进阶路径。有需求就有市场，期刊媒体在助益发明家的路上也不断拓展了自己的生存之道。另一方面，随着经济的发展、社会富裕程度的增加，人们的文化品位也在不断转型。19世纪的美国著名媒体人惠特劳·里德，1873年在达特茅斯学院所做的演讲中这样说过：

> 10至15年前，这所大学的学生课外阅读、课外谈论的主要内容，是英国诗歌。但是，现在情况变了，阅读和谈论的完全是英国的科学了。赫伯特·斯宾塞、约翰·斯图尔特·穆勒、托马斯·赫胥黎、达尔文、丁铎尔等科学

家已经完全取代了丁尼生、布朗宁等诗人和作家的席位。

于是，专业和业余的科学期刊也纷纷问世，并试图瞄准所有的读者对象。1818 年，耶鲁的西利曼创办《美国科学和人文科学杂志》，虽然其目标读者对象是不断增长、表现活跃的全职科学家，但对那些普通读者，该杂志也想照顾到，然而现实难以两全，专业科学家嫌其水平低，业余爱好者则抱怨曲高和寡看不懂，最终导致其处境艰难，没有能够生存下去。此外，其他一些面向公众但又曲高和寡的期刊，如同样创办于 1818 年的《科学杂志》，以登载初等数学问题和家庭化学实验为特色，但也没能坚持到年底便停刊了。虽然之后林林总总还有许多科普期刊仍在不断创办，但停刊来得同样快。直到 1872 年，由尤曼斯所创办的《大众科学月刊》问世，才结束了科普期刊短命的历史，成为第一个持续办刊成功的科学普及期刊。

实际上尤曼斯很早就产生了创办一份科普期刊的念头，但限于客观条件和资金问题，一直没能付诸实践。

机会来自斯宾塞。尤曼斯多年来致力于斯宾塞著作在美国的传播，斯宾塞在美国已经逐渐成为一个几乎家喻户晓的人物。而尤曼斯作为赫伯特·斯宾塞在美国的代理人，就可以利用他的名声去做一些对实现自己愿望有利的事情。1872 年 5 月，尤曼斯与一家名为《银河》的期刊进行洽谈，希望连载斯宾塞的《社会学研究》一书的内容。但是事情进行得并不顺利，《银河》出版商拒绝了这一提议。尤曼斯当即决定寻找出版商，自己创办一本期刊，发表这些文章，相信凭借斯宾塞的名声能够办刊成功，实际上在他主编的几十期《大众科学月刊》中，他刊登了 90 多篇斯宾塞的文章。

> 我很高兴事情按照这样的方式发展。我期待拥有一种自己能够掌控的媒介已经很久了，现在终于可以了。

在《大众科学月刊》首期的“编辑书桌”栏目中，尤曼斯向公众清晰地阐释了此刊涉猎的范围和所要达到的目的。科学研究的工作，已经有几个世纪的历史了。科学研究人员在他们各自领域的专业期刊上，发表原创性工作成果，同行间相互评议，从而促进科学进步。然而，科学传播的工作尚未很好地展开，这显然成为人类文明进步的下一个重要任务。因此，尤曼斯希望通过自己的努力，将科学研究中的最新知识和成果传播给普通大众读者，提升他们的科学素养。“随着科学知识对社会各个阶层的人们发挥着越来越重要的作用，”第一期谈道，“这需要更加有效的传播方式。《大众科学月刊》的创办就是为了达成这一目标，满足其他美国期刊所不能满足的需求……本刊将提供各种前沿学科中有关科学探索的有启发性的文章，辅助大众科学教育工作。文章将包括论文、原创和精选文章，涉及的学科较为广泛，由世界各国最杰出的科学家撰写文章，向非科学人士阐释他们的最新观点。”

谈到这本期刊的读者定位时，尤曼斯表明，《大众科学月刊》的读者对象不是文盲，而是受过普通高等教育的人，包括大学、学院、研究院及美国数以百计的高等学校中成百上千的毕业生。他们所接受的教育普遍是文学，基础科学只占很小部分，但是他们思维活跃，能够跟上非技术人员的连贯思维。“我们的期刊将针对这些特点，培养他们养成自学科学的习惯”。

1872 年 5 月，第 1 期《大众科学月刊》正式出版发行。这本 128 页 8 开本的刊物，以精选文章为主要内容。尤曼斯将斯宾塞的《社会学研究》一书作为卷首文章，并计划将这一著作分期连载。第一期还包括尤曼斯妹妹的一篇译自法文的论文、尤曼斯自己的一篇短文以及尤曼斯弟弟文章的一些片段。虽然创办期刊的计划酝酿时间很短，但结果却是意想不到的成功。斯宾塞的文章得到极大的关注，期刊的需求量也平稳增加，第 1 期和第 2 期印刷的 5000 本全部售完，不得不加印的 2000 本也立即脱销，第 3 期计划发行 7000 本。到了 8 月，本以为仲夏的炎热和市场停滞会使销售量下滑，但《大众科学月刊》却依旧持续了较大的发行量，而且对往期刊物的需求也在增加。这样的成绩，不仅令尤曼斯欣喜，连出版商也感到震惊。

创办期刊的辛劳并没有阻止尤曼斯再一次尝试科学演讲。但这一次，因为身体不好，他不得不在开始不久后就停下来，很快又回到了他的编辑工作。从 1872 年 11 月 20 日尤曼斯写给妹妹的信中，可以了解到尤曼斯当时的情况。

亲爱的妹妹：

事情非常糟糕。看来我不应该承担这项工作（指科学演讲）了。我患上了重感冒——浑身发冷、头疼、喉咙疼、胸疼，连骨头都疼。在阿克伦时，我不能在屋子里生火，

> 整日挨冻。我在演讲中冒冷汗，每天不得不在早上5点30分出门，没有可以到达火车站的交通工具，所以只能在靠近火车站的简陋的家里睡觉，整夜颤抖。我总是发烧，而且整夜无法合眼。那是一个可怕的夜晚，但是我搭上了一辆车，在5英里的行程中打了一个盹儿。我不认为我可以继续演讲了，但我也不能上床睡觉和休息，当然，我必须试着这么做。我打算讲一小时的课，因为我不能站更久。昨晚我多次惊醒，睡得很不舒服，今早起来浑身僵硬疼痛。更糟糕的是，有一天我不得不在暴风雨中到达几英里外的罗迪，我不得不承受这一切。虽然早已知道我是摇摇晃晃的，但还没意识到自己还有多少生命力和抵抗力。

由此可知，《大众科学月刊》正是在尤曼斯结束其科学演讲者职业生涯之后诞生的。

《大众科学月刊》创刊后，主编工作占据了尤曼斯的主要精力，在他的经营管理下，《大众科学月刊》出版了28期，这成为他余生的主要成就。

随着科学知识的积累和发展，尤其当科学技术变得日趋专业化时，对非专业人员而言科学与技术都变得难以掌握。这时候科学技术的普及就变得格外重要，否则科技将成为人们无法接近的怪物，也无法实现工业革命的目标。科普作者担负起为外行听众进行翻译、解释专业科学知识的职责，而“翻译”和“解释”这两个词在19世纪的《大众科学月刊》中就被广泛使用。实际上，这种工作与科学本身的研究相比，其难度不低，因为翻译、简化和浓缩复杂科学技术专业知识并非轻而易举。而尤曼斯可以说是最早迎接这个挑战并获得成功的人。

这本新期刊经营一年半后，发行量迅速攀升至12000份左右，这在当时是一个令人难以置信的数字。到1886年，发行量更是达到了18000份，这对于当时价格不菲的期刊来说，的确是不同凡响的业绩。

如果说该期刊初期的成功是基于人们对斯宾塞的膜拜，以及对新刊物的好奇心所致，那么，后来订阅数的平稳上升，则是人们真的开始喜爱这份刊物，包括从形式到内容的一切方面。当然，科学技术本身的吸引力也是一个基础。关于刊物当时被喜爱的情况，有一位名叫霍姆斯的读者写信说：

> 我要告诉你我有多么依赖《大众科学月刊》，它就像潜水钟里的空气一般，每出一期，我就得到新鲜的空气。

这本刊物的内容除包括原创文章和从其他期刊和书籍中精选出来的文章外，还有学术演讲的副本。“编辑书桌”栏目是该刊的经典栏目，主要是评论文章和科学科普的杂集。每期刊登一幅著名科学家的肖像插画，并配上简短的人物传记。当然赫伯特·斯宾塞是其中最大的贡献者，连同尤曼斯对进化理论持续不断的宣传，《大众科学月刊》简直成了进化论思想的代言人。

尤曼斯将其人生的最后15年奉献给了《大众科学月刊》，他主持编辑的期刊（1872—1887）堪称一部知识宝库。他总结道：

> 我不属于那些幸福的凡人，只是为了生存而工作。《大众科学月刊》已经与全美公共图书馆联结在一起，它将以超乎寻常的力量保住自己的位置——至少坚持到下个世纪。我可以自豪地说有证据表明阅读它会增长许多知识。

事实证明，这本期刊不负尤曼斯的心血和期望，它不仅坚持到了下个世纪，即 20 世纪，而且在下下个世纪，即 21 世纪的今天，仍在继续蓬勃发展。

（作者：杨　晶　王大明）

亨利·罗兰

美国物理学的继往开来者

亨利·奥古斯特·罗兰

（Henry Augustus Rowland，1848—1901）

1991 年，美国约翰斯·霍普金斯大学物理系从原来的老建筑“罗兰楼”迁移到了新落成的伯鲁堡中心，1929 年建成的老“罗兰楼”被重新命名为“泽外尔·克里格楼”。罗兰的名字虽然从那座建筑物的墙上消失了，但霍普金斯大学物理系的名字却改为“亨利·A. 罗兰物理学和天文学系”。先后以同一个人的名字来命名物理系的建筑进而为物理系冠名，这在全世界范围的大学里也很罕见。显然，这位亨利·罗兰不是一般人物。

的确，亨利·A. 罗兰正是美国物理学史上一位大名鼎鼎的人物。他是继本杰明·富兰克林、约瑟夫·亨利之后，在 19 世纪末与吉布斯和迈克耳孙等美国的科学巨人比肩而立、享有世界声誉的实验物理学家，是美国物理学会的创始人和第一届理事长，是“美国曾经孕育出的最重要的科学家之一”。

一、出生在革命年代

1848 年在世界历史上是个动荡和革命的年代，欧洲发生了由法国二月革命推翻复辟的波旁王朝肇始的波及到其他欧洲国家的一系列革命，欧洲的面貌为之一变。与欧洲相对的大西洋彼岸，因为在加利福尼亚州发现金矿所引发的淘金热吸引了大批人涌向西部，其中包括未来的美国铁路大王之一科利斯·波特·亨廷顿。他在这一年从纽约出发来到加利福尼亚，并在西部先后碰到了马克·霍普金斯、利兰·斯坦福和查尔斯·克罗克等人，他们四人最后组建了美国中央太平洋铁路公司，并修筑起横贯东西海岸的大铁路，表征了美国由疆域扩张进入了一个西部大开发和工业大发展的年代，由此也拉开了其工业革命和经济起飞的序幕。

在文化和科学方面，1837 年，爱默生在美国波士顿的坎布里奇发表题为“美国学者”的演讲，被认为是美国文化史上的第一个里程碑。也有美国历史学家将这个时期看成是美国科学自主创新腾飞的开端。1837 年，美国人塞缪尔·莫尔斯发明有线电报；1839 年，美国历史上第一个理论物理学家威拉德·吉布斯出生；1846 年，美国政府第一次接受私人捐助并建立了全美国第一个科学机构——史密森学社；1848 年，罗兰出生；1852 年，美国未来的第一个诺贝尔奖获得者阿尔伯特·亚伯拉罕·迈克耳孙出生。虽然并不能仅凭几位重要科学家的诞生——就算他们都是天才，或者几件单独事件的发生——就算这些事件都很重要，就完全决定了美国科学历史发展的轨迹，但毕竟它们确实有一定的象征性意义。

就在这个革命的、动荡的年代，罗兰出生在美国宾夕法尼亚州的霍乃斯戴尔一个声名显赫的神学世家。其祖上曾利用教会讲道的机会为美国的独立运动鼓与呼，从而深深地卷入到美国革命中去，乃至于在英国舰队开赴罗得岛时不得不逃亡。他的父亲亨利·奥古斯特是家族一长串受人尊敬的新教牧师名单中的最后一位，他曾经殷切希望罗兰长大后进入耶鲁大学学习神学，以便日后继承家族的荣誉成为一名优秀牧师。但罗兰在很大程度上辜负了父亲对他的期望，他从小就对神学不感兴趣，稍微长大后对化学和工程十分着迷。父亲最后尊重年轻的罗兰的意愿，在 1865 年送他进入伦塞勒技术学院学习，伦塞勒技术学院是 1824 年由斯蒂芬·冯·伦塞勒创办的，是美国最早建立的工业技术性学校之一。

罗兰于 1870 年从该校毕业并取得民用工程学方面的学位，先后到铁路上担任勘测员，到俄亥俄州的伍斯特学院当教师，最后于 1872 年回到了伦塞勒技术学院担任物理学助教。有趣的是，在将近半个世纪前，罗兰的前辈，美国物理学家约瑟夫·亨利从奥尔巴尼学院毕业之后，也曾在铁路修建工地担任过类似的职位，并且也是给伦塞勒技术学院的一名教师当助手，最后，亨利又回到了奥尔巴尼学院任教，开始了其伟大的科学生涯。两个人的早年经历居然很相似，不知道是巧合还是工业革命年代一般学科学技术年轻人的必由之路。从此之后，在教学之余，罗兰将全部时间都花在电磁学实验方面。他第一个潜心研究的是关于铁磁性方面的课题。罗兰是按照法拉第的思路进行研究的，经过实验，他发现了铁磁体在磁场中被磁化时的一些特性。但当他把自己的研究心得写成报告投递给《美国科学杂志》时，却遭到了拒绝。罗兰不死心，又将报告邮寄给英国物理学家麦克斯韦，当时正值麦克斯韦发表了一系列电动力学论文，出版其划时代巨著《电磁通论》并创立其电磁理论的重要关头，但因为电磁理论在数学上太复杂、太难懂，一般人难以理解，所以麦克斯韦理论还没有得到科学界普遍的认可。而罗兰的实验与麦克斯韦的理论大有关系，所以立刻得到了麦克斯韦的大加赞赏，并推荐给英国的《哲学杂志》发表。这篇论文获得了欧洲科学家的重视，但在美国，几乎没有什么人注意到罗兰的论文。

二、约翰斯·霍普金斯大学第一位物理学教授

罗兰越来越对自己在伦塞勒技术学院乃至在美国进行物理学研究的困难环境产生了厌恶，后来他于 1883 年在美国科学促进会的一个会议上大声疾呼：

> 我敢在此断言，如果一个人真正喜欢，他就可以找出时间进行科学研究。但在这儿，庸碌无为的国家环境压迫着我们，使我们难得如愿以偿。我们的大学和学院少有对第一流人才的应有尊敬，我甚至听到过一所著名学院的管理者如此宣称：教授不得进行研究，因为那是浪费时间。

罗兰难觅一席之地踏踏实实做科学研究的困惑在 1875 年碰上丹尼尔·西奥特·吉尔曼时宣告结束。吉尔曼当时正应邀从西部来到东部，雄心勃勃要按照德国的模式为建立一个具有健全的研究生制度、真正成为美国第一所研究型高等学府的理想奔走，并殷切网罗学术人才。

吉尔曼在此之前曾执掌过设在伯克利的加利福尼亚大学分校，他是出身于东海岸的世家子弟，毕业于耶鲁大学，是一个决意献身于科学研究的人。当然他更看重纯科学研究，而多少有些轻视应用性的研究，所以当他还在伯克利时就开始引进科学素质教育的课程。1875 年，当一位巴尔的摩富裕商人、贵格会教徒约翰斯·霍普

金斯决定捐助设立一所新的私立大学——约翰斯·霍普金斯大学时，吉尔曼接受了这所新建大学筹备校长的职位。

吉尔曼的正式校长就职仪式于1876年举行，来自英国的生物进化论著名辩护者托马斯·亨利·赫胥黎在仪式上发表了演讲。吉尔曼为淡化教会色彩，在其就职仪式结束时没有进行当时重要聚会一般都必须有的祈祷程序。这引起了教会组织的不满，有一份长老会的周刊就曾警告说：年轻学生应该远离霍普金斯，因为“那儿拒绝全能的主的荣誉”。吉尔曼更重视的是促进科学和教育的发展。

吉尔曼为霍普金斯大学确定的方向是“鼓励研究”——但不一定为终极的应用目的，只为研究本身。为此，他认为必须延揽最好的教师，而好的教师就是那些“自由、有竞争力、乐于进行原创性研究的人”。作为美国知识界的一个风向标，霍普金斯的理念成为美国教育改革运动的基石。

约翰斯·霍普金斯大学的建立，令年轻的罗兰兴奋不已。因为在当时，似乎除霍普金斯大学的吉尔曼之外，其他大多数校长都利用经费和人事的权力来鼓励教师从事单纯的教学，并轻视甚至压制教师从事科学研究工作的趋势。霍普金斯大学即将成立之际，喜欢任用年轻人的吉尔曼，大胆任命了年仅27岁的罗兰为该校的第一位物理学教授。

据说先是麦克斯韦向吉尔曼推荐了罗兰，然后又有美国西点军校的一位人士也向吉尔曼高度评价了罗兰，以至于吉尔曼当时就打电报将罗兰邀请到西点军校进行了交流：

他告诉我他的科学之梦，我告诉他我的高等教育之梦。

约翰斯 · 霍普金斯大学最开始的学术团由 6 名教授组成，最年轻的罗兰心情愉快地成为其中一员。在这里，他首先被派往欧洲学习实验室技术并采购仪器设备。在德国柏林的亥姆霍兹实验室（5 年后，迈克耳孙也来到这里），他恢复了自己过去因为仪器缺乏而中断的一项基础性实验工作，这是一项探讨带电旋转盘磁效应的实验，此问题在以麦克斯韦方程为主题的各种讨论中也是一个引人注目的问题。实验并不简单，因为既要求进行深入的理论计算，也要求一个广泛的探测范围，包括对其边缘的情况进行精密的测量，罗兰经过努力，出色地完成了这项工作。实验设置包括将一个类似老式留声机唱片的硬橡胶圆盘固定于一个电动机的轴上，用一块毛织品对其进行摩擦使硬盘被充上静电，然后让盘子旋转起来，再用一个磁针靠近它。罗兰发现在这种情况下磁针会产生偏转，而且盘子旋转的速度越快，磁针的偏转就越大。这似乎说明，磁场的产生不仅仅是电流在导线中的运动所致，也可以通过静电场的运动来实现。罗兰的这项实验，证明了一个运动中的充电物体也可以产生磁场。在此之前，该实验室的其他人都失败了。这个现象及其研究引起了科学界很大的关注。

之后，罗兰广泛收集了当时能得到的最好的一些科学研究仪器，并带回到约翰斯 · 霍普金斯大学。罗兰的实验室设备在当时的美国堪称豪华配置，一般其他大学的物理实验室（如果有的话）大都极其简陋，普遍只适用于简单的教学示范用途。就当时的美国整体而言，大部分大学或学院的物理学教师们不得不在可能的时候玩点什么花招或猫腻，以便为所需的仪器争取点资金，但更多的时候，他们是自掏腰包（例如迈克耳孙测量光速的实验）来购买仪器，以开展自己的研究工作。

这个时期的罗兰醉心于科学研究，一心一意扑在实验研究上，这就难免会疏忽教学工作。在学校，他总是尽可能少地参与行政管理和教学，以至于在他的学生和同事们看来，罗兰是个难以接近的人，顽固而偏执，严厉而直率。虽然他在早期因为自己繁忙的研究工作，经常忽视对研究生们学习的指导，但在后期却将越来越多的精力放在对学生的培养方面，因而培养出了大量有前途的学生。据统计，从 1873 年到 1890 年，美国大约有 22 名物理专业的学生从国内获得博士学位，其中大多数是从霍普金斯和耶鲁大学获得的。吉布斯当时就在耶鲁大学，虽然也是个经常不见其踪影的老师。

虽然罗兰于数学也有相当的造诣，并且从事过一些理论性工作，但他的真正天才还是在实验方面。19 世纪 70 年代后期和 80 年代的大部分时间他都是在实验室里度过的，由此获得了一系列有价值的研究结果。例如，他权威性地确定了绝对欧姆值、荷质比、热功当量，第一个证明了水的热容随温度的变化而变化。他建议并指导自己的研究生爱德温·霍尔进行实验，这最终导致了霍尔效应的发现。

除基础性的，或者用他的话说是纯科学性的研究外，罗兰其实也有不少应用性的研究和发明，例如，在 1897 年他发明了多用打印电报机，使用这种机器，可以通过打印机来传送电报，并可接收到打印格式的电报信息。此外，他甚至还设计了一种装置，以利用尼亚加拉大瀑布的水力来产生电力。

三、罗兰光栅

罗兰在科学研究方面最重要的工作是在 1882 年前后创制的用于光谱分析的衍射光栅及利用这种装置所进行的太阳光谱测量。

众所周知，每种元素都以特征颜色或特定波长组合的谱线发出光辐射，如果用此原理分析太阳和恒星光谱，就能够获得许多关于太阳和恒星的情况，例如其化学组分和温度等，从而可以确定星体的化学构成和它是以固态、液态还是气态的方式存在。为了将混合于光束中不同颜色的光线区分开来，一开始研究者使用玻璃透镜，即三棱镜来获得谱线。但透镜的色差太大，于是就有人发明了另一种工具，即光栅——一个每英寸上面密集地刻画着上千条细线的反射板来进行光谱分析。

1876 年，当罗兰刚刚开始他在霍普金斯大学的科学生涯时，光谱学还处于比较初级的阶段，但它又是一个 19 世纪晚期新兴的并且在物理学和天体物理学中的重要性不断增加的研究领域。天文学家当时已经开始使用光栅进行太阳或其他恒星的光谱线的分析，但所使用的光栅相当简陋，所产生的光谱自然夹杂了很多其他致命的错误信号在真实的光谱线中。罗兰由于对此领域的兴趣，也加入到光谱学研究的行列中去，他幸运地很快就取得了若干重要成果，其原因就在于他发明了一种进行这项研究的锐利武器——新式凹凸面光栅。

一般而言，用光栅所获得的光谱线的纯度与精确度依赖于光栅线的间隔是否规则，而这又依赖于刻画光栅的设备是否完美，而当时由于制造设备的简陋，使得光栅线很难刻画得均匀细致。罗兰经过研究，认为问题主要出在刻蚀光栅细线的画线机导轨螺旋上。这种机器在每刻完一条线时，控制的导轨螺旋就会在光栅上移动一点距离。“但螺旋从来不完美”，光栅的用户，作为当时一项庞大星图研究计划的光谱分析人员，霍普金斯大学的一位天文学家阿兰·乌奥默托也这样认为。每当螺旋运动一次，所画的光栅线就会略微偏移一点，最后的积累结果，就造成了光栅线总体的不均匀和各栅距间的差异。为克服这个问题，罗兰经过反复摸索，独立地设计出一种改进方法，使改进后的设备能刻画出毫无偏离的栅线，更重要的是，他还用自己的设备创制出一种新型的光栅，在新的光栅上，栅线不是被刻在平面上，而是刻在了球面上。

就这样，罗兰精巧地为刻线机制造出一种具有几乎完美无瑕加工精度螺距的螺旋，同时采用球面的圆盘取代了原来的平面盘来制作光栅，这种光栅所产生的光谱极其清晰和精确。罗兰利用这种光栅绘制的太阳光谱图比以前任何其他形式的光栅都要精确很多。

罗兰的球面光栅可以很方便地将整个光谱线聚焦在一个圆环上，它彻底淘汰了总是会吸收掉部分谱线的玻璃透镜，并大大缩短了扩展谱线测量所需要的时间。1883 年罗兰在伦敦展示他的仪器时，得到了广泛的赞许。在法国，有人就听到一名研究光谱的学生抱怨说：“我们必须从头做起。”罗兰除为自己的实验研究制造这种新式仪器外，也小批量地制造这种光栅，并以很高的价格提供给其他的物理学家和世界各地的光谱学家与分析人员，很快他的凹凸面光栅就成了欧洲和美国各实验室里的常备仪器和标准配备。时至今日，还有一些天体物理学家在继续使用着罗兰式的光栅。

他用这种光栅重新测量了太阳的谱线，所获得的并公开发表的太阳光波长表，比前人最好的结果还要精确 10 倍以上。1888 年他制作的“太阳常规光谱照相图表”是一幅超过 11 米长的光谱图，这个图在此后的多年当中成了科学界太阳光谱表的一个标准。

关于罗兰本人对这个仪器之看重，反映在他自己起草的遗嘱中，他要求将其骨灰埋入霍普金斯大学实验室的墙壁里，那儿就是他曾创造这一革命性设备的地方。

在科学研究方面，除撰写了若干高水平的研究论文外，罗兰还写过一些科学小册子，其中包括《论热功当量》(1880)、《论用于光学用途的凹面光栅》(1883)、《论太阳光谱线中相联系的波长》(1886)等。

四、亨利的接力者

美国的物理学研究，自富兰克林作为业余爱好者所进行的电学研究在 18 世纪末犹如一道闪电划过北美的天空之后，就进入了长时间的沉寂。直到 19 世纪 20—30 年代约瑟夫·亨利的出现，才打破了僵局。

亨利无疑是个天才的科学家，他独立发现了电磁感应现象、自感现象等，成为美国独立后最出色的物理学家。更为可贵的是，他还积极参与了美国科学体制化建设。亨利是史密森学社在 1846 年建立时的第一任社长和美国科学院的第二任院长。他还和其他科学界同人一起创立了美国第一个全国性的科学社团组织——美国科学促进会。这个组织虽然外行人只要付钱就可加入进来成为会员，但该会的规章有效地保证了能遴选出专业科学家来担任高层管理人员，例如其中的常设委员会委员的资格就要求必须是曾向各种科学会议提交过论文或在科学促进会支持的刊物上发表过论文的人。这样，美国科学促进会就不仅仅像早期的英国伦敦皇家学会那样是个清谈俱乐部，而是基本具备了科学专业学会功能的社团组织。

亨利对美国科学事业的另一个巨大贡献，就是他对基础科学（用他的话说即“抽象科学”或“纯科学”）研究的重视和提倡。

19 世纪是美国工业革命的世纪，诸如电话、电灯之类的实用技术取得了惊人的发展和进步，这反过来又大大推动了美国的工业建设。欧洲人对此很不以为然，认为美国人虽然有点技术才能，但缺乏文化，粗俗、重利而少教养，很多欧洲人都将美国人看作是欧洲文明的“末流”，甚至大力赞扬过美国的托克维尔也在其著作《论美国的民主》中这样写道：

> 在美国，人们潜心于科学的纯应用部分的研究，而在科学的理论方面，只注意研究对应用有直接必要的那一部分，而在这方面他们也经常表现出求真、自由、大胆和创新的精神。
>
> 但是在美国，却几乎没有一个人专心研究人类知识在本质上属于理论和抽象的哪一部分。在这方面，美国人把

所有的民主国家都有的，但我以为不如美国那样强烈的一种倾向，表现得特别突出。

高级科学或科学的高级部分的研究，最需要沉思，而在民主社会内部，却很少有什么东西适于沉思。在民主社会，既没有贵族制国家的那种因为自己有钱而可以高枕无忧的人数众多的阶级，又没有贵族制国家的那种因为无望改善处境而不再进取的阶级。每个人都在积极活动：有的是希望掌权，有的是希望致富。在这种熙熙攘攘、利害冲突频仍、人们不断追求财富的环境下，哪里有必要的安静供人们进行深刻构思呢？当你周围的一切都在活动，而你本身已被裹进席卷万物的激流并且每天都漂浮在这个激流之上的时候，你怎么能停下来思考高级科学呢？必须把建立已久的平安无事的民主社会中发生的经常性运动与几乎是伴随民主社会的诞生和发展而发生的骚乱性和革命性的运动决然分开。

这种看法虽然偏激，但也不无道理，甚至美国康奈尔大学一位科学家也这样描述过当时美国人对科学传播的观念：

在这个国家，纯粹为追求科学真理而献身科学的人是而且必然是很少的。鲜有人能投身那种不求别的回报，只求能为人类再多增加点知识就令其心满意足的工作中。既爱好科学又有办法献身于科学的人就更少了。

哈佛天文学家本杰明·戈尔德 1869 年卸任美国科学促进会主席职位时发表演讲，除了总结广为人知的美国抽象或纯科学研究的不足，还特别谈到了“需要实现这样一种研究设置和环境，即绝大多数人凭借个人的力量是永不可企及的；需要从‘生存斗争’中节省出时间和精力；最重要的是，需要有称职的科学顾问为科学研究的新人提供指导”。作为约瑟夫·亨利学派中最年轻且急躁的成员之一，戈尔德强调指出，无论过去还是现在有多少困难，他这一代人的责任很明确——缩短美国成为“世界科学领先者”的时间，使所有其他国家都尊敬美国。

作为亨利思想的接力者，早在大学读书时期，罗兰就发现自己根本没有从事纯粹工业生涯的野心。他那时就决定献身科学，献身那种“不是为窃取钱财，而是赢得尊敬”的研究。

但学术物理学在美国全国范围内既没有自己的专业刊物，也没有自己的专业学会。美国物理学家更熟悉发表在《美国科学杂志》上的而不是出现在英国、法国或德国的那些顶尖期刊上的研究论文。所以，在 19 世纪 70—80 年代，不论是唯一被美国国内科学界人士所重视的《美国科学杂志》，还是美国科学促进会这唯一活跃的全国性科学社团，都没能有效地为纯物理学研究而不是应用性的研究建立起一套好的评价标准。

虽然当时美国已经有了发现世界级水平的光栅的罗兰，迈克耳孙正因为对光速的精密测量研究走向美国人将获得的第一个诺贝尔物理学奖，而吉布斯也正在撰写其将会轰动科学界的理论统计物理学论文，但在 19 世纪 90 年代初，美国大约只有 200 名科学研究人员从事跟物理学相关的工作，而其中大约只有五分之一的物理学家能够定期发表研究论文。这些人士大都拥有博士学位并在欧洲留过学，分布于当时大西洋两岸都感兴趣的一些主要物理学领域，包括热学、光学、电学和磁学等。暂且不计罗兰、迈克耳孙、吉布斯等人，整体而言，此时的美国物理学家在世界物理学研究领域中完全处于边缘地位。

与欧洲主要国家的同行相比，作为一种职业的美国物理学家在规模上要小很多。如果说美国的物理学家被经费和实验室装备所困扰，那么欧洲人也同样如此，但欧洲物理学家还是远比他们的美国同行完成了更多的研究工作。美国甚至在 19 世纪 90 年代初发表的论文数量与 20 年前的 19 世纪 70 年代初并无多大的差别，虽然美国此时的经济实力已经赶上了所有的欧洲国家。

罗兰为了大力倡导纯科学研究，甚至不惜借攻击和贬低技术性的发明来抬高“纯科学”，这表现在他于 1883 年担任美国科学促进会副主席时的庆典演说中。在美国实用主义思潮开始盛行的 19 世纪后半期，这种观点多少有点显得不合时宜。所以他最终还是被迫承认和感谢技术发明对国家的基本支撑作用，但他对纯科学依然痴心不改，认为只有纯科学的创造才能最终决定国家的持久强盛。

1883 年，作为国家科学院院士和提倡纯科学研究的代表性人物，亨利·罗兰在其就任美国科学促进会负责物理学方面的副主席的演讲中说道：

在这个国家，为了创建物理科学所必定要做的事情，

> 不光是电报、电灯或其他诸如此类的冠以科学之名的用具。譬如新发明了一道美味佳肴的厨师，在某种程度上也是为世界造福，但我们决不会将他作为化学家而尊敬。

关于美国物理学的源流，罗兰的论述比之公众不关注抽象科学要来得更深刻。对于罗兰作为优秀的基础科学研究者而言，横在美国科学系统面前的只重视实用技术而忽视纯科学研究的困难反映了“一个将任何事都想当然的民主国家的傲慢无知”。

罗兰认为，在当时美国差不多 400 家的高等教育机构——罗兰称之为“一团蚊子而不是雄鹰”——中，几乎没有一家真正配得上称为大学。在真正的大学里，伟大的科学家将获得充足的资金，受到鼓励，得到助手还有更多学生的协助。他认为这么多的美国高等教育机构中只有 17 家有 20 名以上的教师，只有 8 家获得的经费在百万美元以上。而在欧洲，罗兰进一步谈到，那些“伟大的科研机构”为促使每个物理学家尽到其“最大的努力”，提供的“全部是最高的工作标准和范例”。在美国，无论是国家科学院还是其他的什么学会或机构都没有做到这一点。

罗兰的演讲不仅仅是批评，也为美国物理学勾画出一幅未来发展的蓝图。罗兰虽然没有明说，但隐含的意思毫不含糊，那就是要立足于本土创造出杰出的物理科学，为此就要把注意力集中到一流大学的教育宝藏上，也要求在国家范围内将最好的科学家组织起来形成网络，共商物理科学的标准。就近期而言，需要建立起一个金字塔形的体制结构来推进抽象物理学的进步，科学精英集团在塔尖统领，而塔基则为一切人才开放。这个设想成为罗兰在美国建立物理科学的基本纲领。

五、荣誉和最后的理想

作为一位科学研究者，罗兰在专业领域赢得了他那个时代所能获得的几乎所有的荣誉：他于 1880 年获得了约翰斯·霍普金斯大学的荣誉博士学位，并在 1883 年和 1896 年分别获得耶鲁大学和普林斯顿大学的荣誉博士。1881 年获得巴黎电学会的荣誉军团爵士称号，1896 年成为英国科学促进会的通讯会士，1899 年被选为英国伦敦皇家学会的外籍会士，他还是伦敦物理学会 12 名外籍会士之一。1881 年被推选为美国科学院的院士。1884 年因为在光学和电学方面的研究而获得了美国文理科学院授予的拉姆福德奖章，1897 年又获得了该院的麦托西奖章。1890 年在巴黎博览会上因为他的光栅而获得金质奖和奖金。其他专业性的荣誉还包括被政府委派为代表参加各种制定电学单位的国际会议等。

但他在功成名就后并不满足于个人在专业上的成就，他更愿意看到美国整体在科学事业上的进步。他努力培养学生，不断发表公共演说，倡议鼓励高水平的纯科学研究。可以说，正是经过罗兰 20 多年的不懈努力，美国不但纯物理学的水平有了大幅度的提高，而且研究人员的数量也有了明显的增长，纯科学和科学家的社会地位有了很大的提升。而这些反过来也增强了包括罗兰在内的美国物理学家们的自信心。有个传说的小故事可资说明罗兰的自信程度。在世纪之交，有一次，罗兰被牵涉到了一桩诉讼案件当中，法庭在庭审的过程中曾经认定过这样一个事实，即罗兰是“这个国家在电学的定律和规则领域中最著名的权威……”，之所以这么认定，据说是罗兰在法庭宣誓时曾说过，他是世界上最伟大的物理学家。类似的其他关于美国科学家的看似狂妄自大、荒诞不经的传言还有许多，无论是否真实，这些传言实际上都传达了某种信息，那就是美国物理学家在19世纪末的时候已经人人增强了自信心。经过长期的奋斗，他们终于开始崭露头角，即将实现高水平的超越。

当然罗兰为科学奋斗的道路也有艰辛，他不但要忍受生活上的寂寞，还要克服经济上和健康上的困难。罗兰到1890年才与巴尔的摩医生乔治·哈里森的女儿亨瑞塔结为伉俪，之后不久，他就患上了严重的糖尿病。为了保证家庭财政开支，罗兰在研究之余也曾致力于开发一种多用电报机技术，虽然这个发明在技术上十分成功，在商业上却并不成功，而经济上的窘困情况直到1901年罗兰逝世时也没有多大改观。

但罗兰还是一心期望能为美国的物理学事业留下点什么东西，作为美国新创刊的《物理学评论》的积极拥护者，也是美国物理学会的发起人之一和第一任会长，1899年在美国物理学会会长就任仪式上，罗兰发表了《物理学家的最高目标》一文，为美国物理学树立高标准做出了最后的努力。

对美国物理学家群体来说，19世纪90年代在专业领域上的一项巨大成就，就是《物理学评论》的创刊。这首先得归功于康奈尔大学的年轻教授爱德华·尼克尔斯，他利用校董们提供的津贴于

1893年创办了这份刊物，希望给年轻物理学家提供有价值的论坛。在那段艰苦的日子里，很少有年轻人加入到物理学这个行业，以至于到了世纪之交，物理学家的人数也并不比19世纪80年代末多多少。《物理学评论》所发表的四分之一以上的文章来自康奈尔的物理学家，常规的事实收集型论文充斥着期刊。汤姆孙发现新物质的那年，《美国科学杂志》的主编达纳就美国物理学的状况对罗兰叹息道："没有做出什么一流的工作。"

美国作为一个正在崛起的工业大国，但只对科学做出了"小得令人痛苦"的一点贡献，这使克拉克大学的亚瑟·韦伯斯特教授感到很苦恼，他是哈佛的毕业生和亥姆霍兹门下的博士。在克拉克大学任教的他几乎处于隔绝状态，这经常令他倍感困扰。从人数较少的国家科学院的聚会中他无法获得更多的研究信息和灵感，而且对于相对封闭的国家科学院，他也颇有微词，因为作为年轻人，"我们几乎没什么希望加入其中，而且即使加入了也未必快乐"。于是，韦伯斯特决定倡议创立一个不排外的论坛，在那里，像他这样的科学家有可能听到本专业顶尖人物的论述。1899年初，他开始呼吁组建美国物理学会。罗兰利用自己的声望，对这些年轻物理学家的努力都给予了大力的支持。

在19世纪末，经罗兰、迈克耳孙、韦伯斯特和尼克尔斯等人倡议，有36位美国物理学家聚集到纽约的哥伦比亚大学，发起组织美国物理学会。而性格孤僻的吉布斯因当时对这个组织持谨慎态度而拒绝参加这次会议。罗兰等人在会议上为新的组织起草了章程，该章程采取了开放式的态度，为任何对物理学研究感兴趣的人敞开了加入学会的大门。而且，为了减少地理上的障碍，章程还倡导在全美各地都建立分支机构，以便利大家就近进行交流。

作为美国物理学界的泰斗，罗兰一方面提倡与国际接轨的高水平纯科学研究，另一方面他又有保守的一面，即对新物理学时代的到来心存疑虑。可一生追求纯科学研究的他，仍然鼓励年轻物理学家们积极参与国际科学研究的竞争，为美国的科学赢得受人尊敬的一席之地。但病入膏肓的他，是注定看不到新物理学在美国发扬光大的那一天了。他寄厚望于新成立的物理学会，在最后就任物理学会会长的致辞中，他说道：

> 我们国家的很多人才都在追求所谓的应用科学过程中浪费掉了……但是你们的出现表明这种情况不会永远持续下去。

这似乎成了他的遗嘱。

之后没过几年，科学新纪元的到来就从体制上的可能性证实了罗兰的预言。

《物理学评论》的创刊和美国物理学会的建立也在相当程度上为这个专业领域建立起了国家标准，之后慢慢成为国际标准。罗兰的创建最优秀科学的理念不断被落实，尽管美国物理学在世纪之交仍深深地掩藏在欧洲同行的阴影下。在这方面，美国物理学家很难胜过欧洲人，尤其后者在1900年之后的10年间在X射线、放射现象和电子的研究方面做出了一些小成果。对于美国物理学家来说，主要问题不在课题的选取，而在于课题的质量。无论是新物理学还是经典物理学，绝大部分仍保持着事实收集型研究的传统。为了弥补这个缺陷，一些美国主流和多产的科学家试图在他们各自的研究机构中扮演更主要的角色。他们的影响力结合着机构自身的特殊环境氛围，终于使得在研究性学校里、在新的物理学专业组织里、在新老国家科学机构中，逐渐开始推行一个更加重视纯科学研究的专业标准。

如果这个职业需要一些对罗兰的重视高水平基础科学研究的纲领来说必不可少的科学机构的话，那么建立高标准首先需要最优秀的科学人才。在罗兰的年代，有一批高产出的科学精英人物，因为美国多半的研究成果都是由这些占全部人员八分之一的研究者发表的，但这个高产精英群体中的大部分人仍然不能与世界级优秀科学家相提并论。X 射线、放射现象、电子这些问题的发展几乎是在没有他们的参与下完成的。之后的十年内，这些发现几乎没有得到美国物理学家的多少响应，很少有美国的博士论文沿着由伦琴、贝克勒尔、居里夫妇和汤姆孙开辟出的路线前进。《物理学评论》上所发表的五分之四的文章都只涉及“前 X 射线”物理学。

但情况在罗兰去世之后的年代里逐渐发生了变化。似乎是为了印证美国纯物理学研究的潜力一样，首先是迈克耳孙于 1907 年成为美国第一个获得诺贝尔奖的物理学家。他的同行们为之欢呼雀跃之日，也是罗兰为纯科学所做辩护已初步得到丰硕回报之时。在很大程度上，这个结果也可以说明，纯科学研究在物理学界不断的呼吁和努力下，的确开始获得了比以前更大的支持。更为重要的是，在美国物理学研究和高等教育都不断加强的趋势下，物理学领域从体制上开始朝着罗兰提出的创建最优秀科学的纲领方向前进。研究生教育中心开始出现，虽然绝大多数本土的年轻物理学家们还只能从霍普金斯、康奈尔、耶鲁、哈佛和芝加哥等5所大学完成其博士阶段的学习，但其数量在增加，范围也在不断扩展。

在美国本土包括约翰斯·霍普金斯大学在内的5所最早开始招收研究生的研究生院中，为攻读博士学位，学校将一些学生引向了新物理学的研究方向。而在这些新一代的年轻科学家中，霍普金斯大学在这个时期产出了美国全部物理学博士的30%，罗兰致力于发展高水平纯物理学研究的理想，在他生前已经开始在美国扎下了根，在他去世后20年内就由下一代人数更加众多、能力更加卓越的年轻美国物理学家实现了，其中密立根、康普顿等人就是他们的杰出代表。以此为开端，美国逐渐在国际物理学领域占据了主导地位，到第二次世界大战之后，诺贝尔物理学奖获得者名单中，大部分都是美国科学家的名字了。

六、简短结尾

罗兰于1901年4月16日逝世于美国马里兰州首府巴尔的摩市，遵照他的遗愿，骨灰被放置在他曾经工作过的地下实验室的墙壁内，以便让他和实验室永远相伴。

实际上，罗兰的科学工作在他那个时代可能是重要的，但从科学发展的历史来看，未必就是特别不能缺少的。从这个意义上说，他之所以能赢得后世的特别尊重，大概主要不是因为他具体的科学研究工作，而是他接过了富兰克林、亨利的衣钵，在美国上下都只重视应用研究的潮流下，竭力倡导和鼓吹基础研究（当时叫抽象或纯科学研究）对国家发展的重要意义的缘故。当然他本人并没有看到新世纪的科学革命，但他作为美国从世界边缘走向科学中心的几代科学家中一个关键性的环节，起到了重要的继往开来者的作用。很多人都认为美国后来之所以成为世界科学的中心，在很大程度上是因为希特勒在德国对部分科学家迫害使得这批科学家逃亡到美国，从而此消彼长，使美国意外发了一笔战争财，就此一跃成为科学强国。这个观点有一定道理，但远不能包括全部道理，甚至不是主要的道理。因为科学在一个国家或地区的迅速成长，外因永远不可能是主要因素，要理解其中的关键原因，还得从其内部寻找，否则科学的发展似乎就成为一种带有很大偶然性的过程，而毫无规律可言了。而美国自 19 世纪中期以来，特别是在南北战争之后，不但经历了以“西进运动”为契机的经济大发展，而且也经历了本土文化和科学的启蒙和发展。对纯科学或基础科学的重视，跟经济实力的增强有关，也跟本土文化和科学的启蒙有关。可以说，在那个时候，就为 20 世纪美国科学的大发展埋下了伏笔。

罗兰是科学启蒙活动中的关键人物之一，因此，罗兰在美国科学从只重视实用到基础与实用并重的发展历程中具有极其重要的地位，也得到了美国科学界的极大尊重。美国物理学会在 1999 年庆祝其自身 100 年诞辰时，在一篇重要纪念文章中重新引证了罗兰被认为是展示了该学会宗旨的讲话：

为了鼓励科学的成长，我们能够做到的最好事情，就是把所有对它有兴趣的人都集合到一起，讨论它的问题，评价彼此的工作。最要紧的就是要提供一种方法，通过它使得科学中优秀的内容能够被世界所了解。

美国物理学会成立时只有 36 名成员，而在它成立 100 周年时，其成员已经达到 41786 人。在这个发展壮大的过程中，亨利·奥古斯特·罗兰这个名字已被深深镌刻在美国科学史的里程碑上。

（作者：王大明）

海耳

大科学时代的先驱

乔治 · 埃勒里 · 海耳

（George Ellery Hale，1868—1938）

1969 年底，当位于美国加利福尼亚州洛杉矶市以东 16 千米处的大熊湖太阳观测台建成之际，有关机构将位于洛杉矶市西北 32 千米处帕萨迪纳附近的威尔逊山上始建于 1904 年的威尔逊山天文台和位于加利福尼亚州圣迭戈东北 80 千米处的帕洛玛山上建于 1928 年的帕洛玛山天文台等几处世界著名天文观测研究机构重新命名，合称为海耳天文台，为的就是纪念曾经在这里创建威尔逊山天文台和帕洛玛山天文台，并亲自主持建造了当时世界最大的科学仪器——100 英寸胡克望远镜的美国科学家乔治·埃勒里·海耳。

海耳所推动建造的 100 英寸反射式光学望远镜，于 1904 年开始筹建，1917 年建成。在此后的 31 年中，它一直是世界上最大的光学望远镜，直到 1948 年 200 英寸的海耳望远镜建成。这架 100 英寸反射式光学望远镜，对现代天文学，特别是新兴学科天体物理学的发展起到了至关重要的作用。著名天文学家哈勃使用这架 100 英寸望远镜完成了银河外星系和宇宙红移等一系列重要发现。1948 年，当以海耳名字命名的 200 英寸望远镜最终建成时，距离海耳去世已经 10 年之久。但这台当时世界最大光学望远镜，也是由海耳本人从 1928 年开始筹备，为其最终的建成奠定了坚实的基础。海耳先后主持了两个重要天文台的建设，即叶凯士天文台和威尔逊山天文台。利用美国工业化成功后的有利条件，广泛游说、筹集资金、精心设计，建造了一系列世界之最的大型天文望远镜等科学研究仪器，为美国跨入世界科学先进行列做出了不朽贡献。他也是世界范围内大型科学装置的早期建造者，是推动大科学时代来临的先驱者。

一、出身富商的小天文爱好者

乔治·埃勒里·海耳，1868年出生于美国芝加哥市，是当地富商威廉·埃勒里·海耳在1871年芝加哥大火灾之后所幸存下来的最年长的儿子，他还有一个弟弟和一个妹妹。海耳家族是最早移民美洲的盎格鲁—撒克逊后裔，他的祖父曾经是美国公理会牧师，而他的外祖父则担任过国会议员。在芝加哥毁于大火之后的重建过程中，海耳的父亲威廉·埃勒里·海耳利用其出色的经营才能，开始了建筑升降梯制造业务，这不但使芝加哥重建中出现的一系列摩天大楼的建造成为可能，而且也给海耳家族带来了巨额财富。

海耳的父亲没有受过高等教育，但他在摆弄机械和产业经营方面有自己独特的天分。海耳从父亲那里受到很大影响，从小就表现出了很强的动手能力。难能可贵的是，父亲对他这方面的爱好一开始就采取了积极支持和鼓励的态度，并持续了海耳整个童年和少年时代。他不但鼓励小海耳用玩具、钻锯和木质工作台把自己的卧室折腾得像个杂货铺，甚至有一年圣诞节，还将一架小车床当作圣诞礼物送给儿子。除此之外，诸如显微镜、简易小蒸汽机以及各种工具等，也都成为父亲经常性给予儿子的礼物。当然，礼物中还包括诸如《机械入门》《儿童工程师》等科普读物。童年的这些经历对海耳的一生产生了重大影响，多年后，每当海耳提起自己的童年时代，都要强调这些经历对自己人生的决定性意义。

海耳的母亲则是一位出身于加尔文派教徒家庭的很有教养的女性，她通过言传身教、耳熏目染，从小培育和启发了海耳对于社会公德的责任感，以及对文学、艺术和诗歌等方面的广泛爱好，使海耳从小就熟读了《伊利亚特》《奥德赛》等英雄史诗和其他经典文学作品，并将对文学和诗歌的喜好贯穿了一生。对文学艺术，特别是想象力丰富的诗歌的爱好，极大地激发了海耳的想象能力，而这种想象力是他后来创造性科学工作中必不可少的重要因素。

从父亲送给他的显微镜中，年幼的海耳不但获得了极大的游戏乐趣，而且开始对光学仪器产生了很大的兴趣。这种兴趣由于后来又得到一架照相机而大大加强，因为他可以用照相机来拍摄经过显微镜放大的物体。然后他又在自己的小车间里制造出了平生第一架小望远镜，不过由于镜片太简陋的原因，成像质量不够理想。大约就在此时，小海耳结识了芝加哥的一位业余天文爱好者波恩海姆，他白天是芝加哥法庭的速记员，夜晚是双星系统的观测者。在海耳 14 岁时，通过波恩海姆的指点和帮助，海耳的父亲为他买到了一架二手的克拉克小口径折射望远镜，并安装在自家的屋顶上。借助这架精良的望远镜，海耳第一次看清了月亮和行星，并为其美丽的景观所震撼。他立刻开始动手拍摄日食的照片，最后获得了太阳斑图像。少年海耳也由此踏上了终其一生的天文科学研究之路。

很有意思的是，海耳在其早期还比较幼稚的阶段，就表现出对天文学的兴趣不在于传统的力学天文学观测方面，而是更喜欢用物理学或用物理学仪器来处理天体观察，这使他从一开始就成为当时新兴的天体物理学研究领域的热心追随者，最后成为天体物理学最具代表性的推动者。当能够理解其内容时，他就如饥似渴地阅读了哈金斯、洛克耶斯和C. A. 扬等人的著作，特别是洛克耶斯的《光谱分析研究》，是海耳的最爱，这本书直到他去世还保留在自己的图书室。少年海耳不但坐讲理论，而且起而动手，他在自己的小作坊里面制作了一架小型光谱仪，不断对太阳光谱进行各种持续不断的测量。对这些儿时的记忆，海耳到了晚年依然津津乐道。而当卢瑟福和罗兰的成果出现后，年轻而敏锐的海耳很快就得知了，并立即在自己的家庭实验室里开始使用起罗兰光栅和卢瑟福的太阳光谱图。

然而，海耳在科学上的这些早熟表现，并没有影响到他作为一个正常男孩的其他生活乐趣。他也喜欢钓鱼、游泳、溜冰、打网球和骑自行车，甚至还表演魔术、动手做独木舟和玩其他游戏，假期也外出旅游和爬山，或者到祖母所在的康涅狄格州麦迪逊小住一段，享受一番恬静的田园生活。总之，海耳喜欢做任何一个普通男孩通常喜欢做的那些事情，他是个具有科学潜质的天才男孩，也是个在其他方面普普通通的一般男孩。

海耳的正规学习，开始于芝加哥的奥克兰公立小学，然后进入艾伦学校学习。这所中学的校长艾伦发现了海耳在科学上的天分后，就为他购置了若干科学实验仪器让他为同学做各种实验演示，内容包括化学、物理和天文学等，还特地送他到当地的手工培训学校进行特别训练。这些教育都为海耳以后的工作打下坚实的基础。当然，除物理和天文学方面的课程之外，海耳也没有忽视其他方面的知识扩充，他也阅读过达尔文的《物种起源》，并对其中的演化思想留下深刻印象。1886 年，17 岁的海耳从中学毕业，进入了著名的麻省理工学院攻读物理学。

二、牛刀小试

对海耳而言，在麻省理工学院的四年是一段繁忙的学习阶段。他不但要学习数学、物理学和化学等课程，这已经占据了他大部分时间，而且还增加了对艺术的学习。当然，他也挤出时间来继续自己对天文学的爱好。对于后者，哈佛大学天文台台长爱德华·皮克林给予了海耳很大帮助，他允许海耳在该天文台当一名义工，为天文台做些辅助工作，这使海耳第一次能够直接接触到正规的天文学研究现场。与此同时，海耳也借助波士顿公共图书馆阅读了大量天文学、光谱学书籍和第一手研究论文，这些都大大扩充了他在专业方面的知识，增加了对于前沿科学进展的了解。学习之余，海耳还结识了与自己志同道合的同班同学哈利·戈德温，并与之建立了持续一生的友谊。广泛的阅读加上与朋友分享各种观点的学术讨论，使海耳感到了学习的乐趣。

就在海耳进入麻省理工学院之前，他已经在自己的家里装备了配有罗兰光栅的 10 英尺焦距太阳反射光谱仪。利用假期，海耳使用这个设备研究火花弧光和太阳光的光谱。正是这些研究工作，使海耳萌生了一个新想法，这即是导致他后来提出太阳单色光照相机原理的契机。

在看到了 C. A. 扬通过日食所得到的日珥图片后，海耳灵机一动，就考虑到能否设计一种装置，能够在通常的状况下全天候记录太阳光谱。于是，1889 年，海耳在皮克林的帮助和支持下，提出了太阳单色光照相机原理，并发表了自己平生第一篇论文《恒星摄影术》。在此基础上，还制造出原始样机。不过由于缺乏经验，仪器的拍摄效果并不理想，但是太阳摄谱仪的基本构想已经具备，后来于 1891 年，海耳终于成功地制成了太阳单色光照相仪，翌年用它拍到了太阳的单色像。这在当时是个创举，用这个仪器可以在非日全食的情况下观测到日珥，这标志着对太阳研究的一大进步。

通过学习和研究实践，海耳对于天文学和物理学及化学的关系也有了深刻的认识，并提出了天文物理学（或天体物理学）的概念。1889 年，他发表了一篇题为《新天文学》的论文，其中写道：

> 一门新兴学科已经兴起。它提出的问题单单依靠天文学家是无法解决的，必须综合天文学家、物理学家和化学家的技能。新天文学的支持者在实验室的本生灯或弧光灯下观察分子振动时，将可见甚至不可见的现象记录在照相底片上，然后将结果与恒星或太阳的记录做比较，便能明白肯定地推断天体的构成。

1890 年 6 月，22 岁的海耳大学毕业，并与青梅竹马的康克林小姐结婚。在蜜月旅行中他们走访了利克天文台，感觉眼界大开，那里的大型望远镜、光谱仪以及像基勒和坎贝尔那样熟练的观测者都给海耳留下了很深的印象。利用基勒对于行星状星云的光谱观测，海耳研究了其中的镁光谱，并写了一篇文章发表在1891年的《恒星信使》杂志上。之后，海耳回到芝加哥，在父亲的资助下，他在自己住宅的顶层建起了一个小小的但装备精良的个人天文观测和光谱实验室，命名为肯伍德天文台，从而开始了自己独立的致力于太阳黑子和磁场等恒星性质方面的研究。

1892年，只获得学士学位的海耳，因为其杰出的研究工作，被洛克菲勒基金所资助的、新创办当时尚未正式招生的芝加哥大学相中。该校具有远见卓识的校长哈普直接聘任海耳担任芝加哥大学天体物理学副教授（但头三年不领任何薪水），并委托他承担为学校建造一座新天文台的任务。而在海耳的脑海中更大的梦想已经开始规划。在一次美国科学促进会的会议期间，海耳遇到了美国光学仪器制造大师埃尔文·克拉克，后者告诉他，南加利福尼亚大学原本订购的两片40英寸（1.02米）透镜现在遇到了经费困难，他正在寻找新的买家。这个信息立即引起了只有24岁但胸怀大志的海耳的兴趣。因为他原来的宏大计划就包括了为芝加哥大学新建天文台装备一台顶级的望远镜，作为研究设备。在父亲以及校长的支持下，海耳走访了芝加哥很多企业家，为天文台的建设募捐，并最终成功地说动了叶凯士对天文台建设投资。叶凯士是当地著名富商，控制着芝加哥交通业和部分银行业务，他用各种手段聚敛了大量钱财，是一位吝啬但又贪图虚名的商人。海耳觉得“为什么不能把这些腐朽的钱拿来为科学事业服务呢？”于是，一而再、再而三地去游说叶凯士，终于使叶凯士答应出资买下了克拉克的透镜并承担望远镜的建造费用，但天文台的圆顶和其他设备一直没有落实。不过海耳最终还是成功地从叶凯士的腰包中把这些费用掏了出来，最后，叶凯士为新望远镜的建造和安装支付了高达 34.9 万美元的款项，这在当时是一笔近似天文数字的巨款。通过这个公关活动，年轻的海耳也初步显露了自己卓越的社会组织活动能力，这种能力在以后还将发挥更大作用。

海耳在积极募捐的同时，也把自己私人的肯伍德天文台中的设备都捐献出来，交给了叶凯士天文台使用。

得到了克拉克的 40 英寸玻璃镜片后，海耳委托克拉克的儿子小克拉克用冕牌玻璃磨制成凸透镜，又用火石玻璃磨制成凹透镜，然后将这两个透镜组合成一个像质极佳的消色差望远镜，配备精密的望远镜机械组件。整台望远镜重 18 吨，但可以灵活转动，指向天空任何方向。海耳将这台望远镜安装在威斯康星州有相当优越观测条件的威廉湖畔。建成后的天文台，在学术和管理上隶属于芝加哥大学，但以捐款人叶凯士的名字命名，称之为芝加哥大学“叶凯士天文台”。富商叶凯士的投资没有白费，因为这座天文台后来不但为科学研究做出了很多贡献，而且也使得叶凯士这个跟科学本没有多大关系的名字名垂青史。1897 年，该望远镜启用，海耳也因在建造天文台过程中诸多方面的突出贡献而晋升为正教授——并且是该大学当时唯一没有获得博士学位而晋升为正教授的人。从那时起到今天，虽然已经过去了 100 多年，但这台望远镜仍然是世界上最大的折射式望远镜，至今仍发挥着其不可替代的作用。

叶凯士天文台建成后，海耳担任了这座天文台的首任台长，直到 1905 年卸任。在此工作期间，海耳在科学研究方面也有长足的进展，他不但成功地拍摄了清晰的太阳单色像，第一次在非日食期间看到清晰的日珥，而且发现了太阳上明亮的钙云，即用氦的 Hα、Hβ 线和电离钙的 H、K 线所拍摄的太阳单色像上，都显示出的明亮和黑暗的区域。对此，海耳称之为谱斑。谱斑是太阳色球中的活动现象，太阳单色像上大块增亮区域称亮谱斑，而有时观测到的一些暗黑的区域，称为暗谱斑。通常把由 Ca Ⅱ 的 H、K 线观测到的谱斑称为钙谱斑，而把由 H 线观测到的谱斑称为氢谱斑。

谱斑和光斑非常相似，谱斑的位置同光斑基本一致，在太阳白光像上有光斑的地方，在单色像上就一定能看到谱斑。但光斑只能在日面边缘附近观测到，而谱斑则在日面上大部分区域均可观测到。谱斑和黑子有密切联系，大部分谱斑附近有黑子群。谱斑的线度从几千千米到几十万千米，其形状、结构、亮度常在变化。海耳的这项研究在当时是一个很大的创新。之后，在太阳黑子的研究中，海耳更是身手不凡，1904 年，他利用自己制作的望远镜和光谱仪拍摄到第一张太阳黑子光谱，通过与实验室光谱比较，发现太阳黑子光谱与电弧光谱的相似性，从而证实了他自己关于黑子温度低于周围日面温度的猜测。后来，在 1908 年，他还用自己设计和主持建造的太阳塔发现了太阳黑子光谱的塞曼效应，由此推断出黑子具有强达几千高斯的磁场。这是人类第一次探测到地球以外天体有磁场的存在，是天文学史上一件重大发现。之后，海耳与尼科尔森密切合作，发现了黑子磁场极性分布和变化的一系列规律，为太阳磁场的研究奠定了基础。除了黑子磁场，海耳也发现了太阳具有和地球类似的偶极性普遍磁场，由于当时条件所限，他所测出的太阳普遍磁场强度并不准确，但仍不失为一项重要发现。毫无疑问，这些成果都极大推动了20世纪太阳物理学的发展。

海耳所创建的叶凯士天文台，自建成后在国际天文学研究中也扮演了重要角色，许多当时和后来声名显赫的天文学家，如巴纳德、哈勃和钱德拉塞卡等，都曾在叶凯士天文台工作过，甚至终生在此供职，并取得了很多重要科学成就。

在此期间，海耳还和夫人一起访问了欧洲。他去欧洲的目的有二，除拜访一些仰慕已久的知名天文学家和学习设备使用技术外，海耳也希望听取和了解这些天文学家对创办一份能够将天文学和天体物理学最新进展结合在一起的学术期刊的看法，并希望得到他们的支持。两个目的最终都得以圆满实现，海耳得到了英国和欧洲大陆物理学家和天文学家们的共同认可，他所建议的刊物也得到许多著名科学家的支持。最初出版的刊物叫作《天文学与天体物理学》。1895年，该刊物和《恒星信使》合并，组成著名的《天体物理学报》。海耳和天文学家基勒共同担任首任编辑，后来海耳一直担当着这个职务，时间长达30年之久，这不但推动了天体物理学这个新兴领域成为20世纪最活跃的研究前沿领域，而且使得这个期刊成为该领域最权威的科学期刊之一。

海耳的这些工作，使他跻身于当时美国乃至世界最杰出天文学家的行列，并于1899年当选为新成立的美国天文学与天体物理学会（1914年改名为美国天文学会）的副会长，1902年又被选为美国国家科学院院士。

三、大展宏图

17 世纪，伽利略仅凭直径 2 英寸口径的透镜所制成的望远镜，就取得了多项重大天文发现。之后的天文学发展跟望远镜的改进和大型化有着密切的关系。到了 19 世纪末，随着人类对宇宙基本结构研究的进一步深入，建造更大口径的望远镜成为必然。海耳的贡献之所以至今仍为全世界天文学家们所称道，就是因为他最先制造了巨大光学望远镜。

20 世纪初，40 英寸口径望远镜已达到了折射望远镜的极限，因为再加大望远镜的口径必须同时加厚物镜的厚度，这样一来，口径增大所收集到的星光能量一是会被厚厚的镜片玻璃吸收掉，二是会被其他非观察对象的星光所抵消和淹没。而反射望远镜则不存在这种问题。要进一步推动天文学研究的进展，就必须考虑对天文望远镜做出改进，而改进的途径，非反射式望远镜莫属。因此，已经洞悉天文学研究门径的海耳，此时也打定主意，要在大口径反射式望远镜的研究和建造上一展宏图。

由于芝加哥大学是个新建的学校，处处都需要钱，因此学校的财政压力很大，不可能为叶凯士天文台提供更多的支持，有时甚至为维持正常运行的费用都难以足额获得。海耳为此奔走，没少费力气，但效果依然不明显。虽然经费常常不足，但海耳还是凭着自己超凡的个人魅力积极网罗人才，并逐渐在周围团聚起一支阵容强大的研究团队，这支队伍对后来威尔逊山天文台的建设，发挥了巨大的作用。1902 年，就在海耳为叶凯士天文台进一步发展而到处寻求资金援助，并且经常没有眉目的时候，钢铁大王安德鲁·卡内基宣布他将捐赠出1000万美元来资助建设纯科学研究机构的决定。这个消息让海耳觉得机会终于来临，于是开始了积极的游说活动。在海耳和其他天文学家的努力下，也经过了漫长的讨论和商议，卡内基基金的执行委员会最后决定投资建造一座综合性的天文台，台址选定为美国西部加利福尼亚州洛杉矶市附近的威尔逊山，而海耳则被任命为该项目的负责人。也可以说，海耳抓住了这个千载难逢的机会，即将在威尔逊山展开一个科学的梦想和传奇。

威尔逊山天文台位于美国加利福尼亚州西南部海拔1740米的威尔逊山顶峰，距离著名的美国肯尼迪航天中心仅16千米。该山原是一座荒山，在19世纪中期以后被开辟为一个旅游地。而在这里建立天文台的构想，是19世纪80年代时任洛杉矶市长的斯彭斯最早提出来的，并为此提出了5万美元的预算。但直到他1892年去世，也未能实现这个愿望，只是把这个愿望托付给了南加利福尼亚大学。真正使威尔逊山成为一个天文观测地点的，是哈佛大学天文台的台长、曾经是海耳指导老师的皮克林最早实现的。1889年，他将一台新建造的13英寸望远镜安放在这里，建立了一个后来被称为哈佛大学天文台观测点的小木屋，哈佛大学的天文学家们于当年在这里开始了他们的天文观测和研究工作。这可视为是威尔逊山天文台的前奏。

但哈佛大学天文观测点只存在了18个月，就因为哈佛大学与南加利福尼亚大学之间所产生的一场纠纷而关闭，那台13英寸望远镜也拆除了，被运往秘鲁的阿雷基帕。威尔逊山因此重新成为一座纯粹的旅游观光地。哈佛大学天文台观测点存在的时间虽短，但对后来建立威尔逊山天文台还是做出了很大的贡献。其贡献在于，第一，使科学家们更多了解到这里是一个良好的天文观测地点；第二，由于要运输巨大的望远镜，推动了当地政府决定修筑一条到达山顶的道路。这条道路于 1891 年 2 月开始动工，7 月完成。这项工程是由一家新建立的被称为“威尔逊山收费公路公司”所完成。道路的修筑不但为今后的天文科学工程奠定了良好基础，而且这家公司也通过道路的修筑而最终成为威尔逊山周边土地的所有者。最后，在 1904—1905 年，这家公司与卡内基研究院签订了一项契约，将威尔逊山顶的一大块土地长期租给了卡内基研究院，作为今后建立科学研究基地之用，从而使大型天文台的建造成为可能。

早在 1903 年 6 月的时候，海耳就和几位好友一起去威尔逊山考察过一次。到了 1903 年冬天，当海耳预知了卡内基基金的可能决定时，由于自己生病不能出行，不得不暂时留在芝加哥等待着基金会最终决定的公布，但他已经迫不及待地让夫人携他们的两个孩子先行来到洛杉矶附近的帕萨迪纳安营扎寨，做好准备，以便自己随时能够出发到那里投入到大天文台的建设工程中去。基金会最终公布的消息有些令人失望，虽然委员会随后批准了天文台的建设，但没有提及海耳所关心的一些建设问题。不过，凭着他一贯的乐观精神，海耳决定立即去和家人会合，加入大天文台（起初称为卡内基天文台）的建设工作并担任首任台长。同时，他也开始积极寻求继续研究太阳物理的机会。

海耳抵达加利福尼亚之后，马上带着一架便携望远镜对威尔逊山做了第二次考察。这次观测使他进一步确信，这里是进行太阳研究的良好地点，也值得建设大型望远镜进行恒星研究。1904 年 3 月，海耳首先着手 60 英尺焦距太阳塔的建设。天文台于 1904 年成立时的主要研究方向是太阳活动的观测，从那时到现在，威尔逊山天文台在太阳磁场和太阳活动领域的研究一直居于世界领先地位。

太阳是一颗典型的恒星，人类对恒星的大气、内核和能源的知识，很多来自太阳。19 世纪最后 10 年，海耳和法国的德朗达尔分别发明太阳单色光照相仪和太阳谱线速度仪，从而开始了现代太阳研究的新时期。太阳塔，又称塔式太阳望远镜，是专门对太阳进行观测的天文仪器。太阳塔的外形是塔式建筑物，顶部一般安置定天镜，将入射的太阳光线垂直向下反射，进入成像光学系统和附属仪器。其原理和结构是海耳提出的。他发现，在距地面 20—30 米高度处，用小望远镜目视观测，太阳像的清晰度比近地面的观测有明显提高，这表明近地面的上升热气流对成像质量有严重影响。如果将定天镜置于 20 米以上高度处，并用空心圆塔将向下反射的光路同近地面上升热气流隔开，塔内的空气层次大致是水平的，就可消除上述影响。基于这个原理，同时也由于资金所限，海耳于 1904—1908 年先在威尔逊山天文台尝试建造了第一座 18 米高的太阳塔，虽然没有达到预定的高度，但用它观测研究太阳黑子的磁场，还是取得了良好的结果。此后，许多国家相继建造了一批类似装置。

后来的太阳塔有很多改进，通常为双层结构，内塔顶部支撑定天镜，中间安置太阳望远镜成像光学元件，在塔底或地下竖井内设置大型太阳摄谱仪及其他附属仪器，以便对太阳进行多方面观测。

外塔顶部支撑圆顶和观测室地板，从而减小仪器的振动。这些装备的出现，大大促进了对太阳这颗最接近地球的恒星的研究。

继第一座太阳塔之后，1912 年，海耳又在威尔逊山天文台主持建成了高达 45 米的第二座太阳塔。投入使用后，不但用它发现了太阳的普遍磁场，而且在 1913 年还发现，太阳同一半球上黑子群中前导黑子和后随黑子的极性产生反转的 11 年周期性。1919 年，在前述研究的基础上，海耳进一步提出太阳活动的真正周期为 22 年，这被称为黑子的磁周，同年还提出黑子的磁分类法。

这时，威尔逊山天文台的建设和研究班底大部分都是海耳从叶凯士天文台带过来的，包括亚当斯、艾勒曼、里奇和随后加入的皮斯等科学家。

除了关于太阳塔的建设，海耳还提议将叶凯士天文台的一架斯诺望远镜移到威尔逊山来。这个动议得到了各方的同意，卡内基基金会也提供了一笔 1 万美元的资金用于斯诺望远镜的迁移工作。在这段岁月里，科学家们同时也是劳动力，不但从事脑力劳动，而且也从事着各种高强度的体力劳动。但海耳却在其中获得了极大的快乐，远离喧嚣的城市，威尔逊山峰顶的清静生活，大大激发了他的想象力和发明潜能。他发明了一种特殊的马拉小车，用于把斯诺望远镜从崎岖的山路上运上来，他还规划了员工们的住处，在经过艰苦的考察后，第一座被称为“修道院”的办公兼住宅的地方也建设起来了。海耳还研究了山上的供水设施并加以改进，不过他关注最多的，还是如何提高获得的太阳图像的质量。海耳充满希望地面对所有的困难和问题，并不断鼓励他的同事们。1904 年到 1905 年的冬天，在暴风袭来的夜晚，大家围坐在“修道院”的火炉边，这种艰苦的岁月为海耳留下了永久的美好记忆。

1904年秋天，海耳再次动身前往华盛顿的卡内基研究院，为他的新计划游说。经过一系列的协商和活动，设立一座独立的太阳天文台和建造一台60英寸口径反射望远镜的提议终于得到了基金会的认可，基金会决定两年内共投入15万美元用于这项工程，并授权海耳即刻开始执行。

实际上，早在1896年，海耳的父亲就送给他一块用以制造60英寸望远镜的巨型玻璃毛坯，有7.5英寸厚，重860千克。但海耳一直没有得到使用这块巨大玻璃的机会。直到现在，当卡内基研究院的建设基金到位时，才有了利用这块玻璃毛坯建造望远镜并装备新天文台的机会。

从1905年开始，在海耳的领导下，首先进行了60英寸望远镜镜面的研磨工作。这个工程一共持续了两年，望远镜玻璃构架是在旧金山建造的，在1906年的旧金山大地震中，玻璃镜片几乎被毁，但最后还是有惊无险地完成了建造工作。而之后将这些材料和构件运送到威尔逊山山顶，是一件十分艰巨的任务。为了将它们运到山顶还制造了一台专门的电气拖拉机，运送和安装工作用时将近两年。直到1908年12月8日，这架望远镜才正式启用，成为当时世界上最大的望远镜，可用于光谱分析、视差测量、星云观测和测光等天文学研究领域。虽然9年后的胡克望远镜在口径上超过了它，但在此后的数年中它依然是世界上性能领先的望远镜之一。使用这架望远镜曝光4小时，就可拍摄到20等的暗星，这大大提高了天文观测的范围。美国天文学家亚当斯曾用它成功地拍摄到了天狼星伴星的光谱，发现这颗用望远镜都很难观测到的暗星其表面温度竟高达 10000 摄氏度左右，与天狼星的表面温度差不多，从而证明它的体积极小，质量极大，天文学家称其为白矮星，这个发现成为天文学和宇宙学史上一个重大的进展。

真正使海耳成为名副其实的美国大科学先驱者的，是他在威尔逊山天文台所建造的 100 英寸望远镜。这台望远镜堪称是大科学仪器的前奏，并且它的成功启用，导致多项科学上的重大发现和人类对宇宙尺度理解的迅速增长。实际上，早在 60 英寸望远镜尚未建成之前的 1906 年，海耳就开始构想建造新的更大的望远镜了。为此，他发挥自己超人的社会活动和游说能力，说服一位名叫胡克的商人投资建造一架大口径的天文望远镜。这位商人非常折服海耳的科学成就，希望把自己的名字与世界上最大的望远镜联系在一起，并且在短时间内不被别人超过，于是主动提出增大捐款数额，将望远镜的口径扩大到 2.5 米，即 100 英寸，这就是后来的胡克望远镜的起源。

建造这架望远镜也有很多曲折，按照当时玻璃工业的水平，浇注这架望远镜重达 4 吨多的巨大镜面本身就会涉及很多技术难题。但海耳克服了种种困难，经过 4 年的艰苦努力，终于造出了光学质量令人满意的镜面，对这个巨大镜面的一系列检测也证实了这一点。镜面的完成，为望远镜的建造奠定了可靠的基础。1910 年 3 月，安德鲁 · 卡内基造访威尔逊山天文台，对海耳领导下该天文台所开展的科学工作极为满意，并且做出了继续投资，用于建造这架大望远镜配套设备的决定。望远镜其他部分的建造受到第一次世界大战爆发的影响，直到 1917 年 10 月，这架设备才正式完工并接受使用前的检测。

1918 年，海耳主持建造的胡克望远镜在威尔逊山天文台正式投入使用，这台望远镜比 60 英寸望远镜能够采集的光线大 2.5 倍。

极大地超越了所有现存的恒星、星云观测拍摄仪器，能够提供它们的化学成分、温度和气体压力等新信息。

在此后的 30 年，胡克望远镜一直占据着世界“望远镜之王”的宝座。这台望远镜一投入使用，很快就显示出了其巨大的威力，许多天文学家用它在星系和宇宙学研究方面做出了开创性的工作。其中值得一提的是两个著名进展。其一是在 1920 年，在美国华盛顿召开的一次国家科学院科学会议上，爆发了一场持续很久、影响巨大的天文学家柯蒂斯和沙普利之间关于宇宙尺度大小的论战。柯蒂斯依据的是他在利克天文台用 32 英寸望远镜所获得的观测资料，而沙普利则根据的是自己在威尔逊山天文台用 60 英寸望远镜所得资料。两人各执一端，其他天文学家也难分其伯仲。而对这个争论的最后终结，来自 100 英寸望远镜的观测资料，这就是 1923 年天文学家哈勃所发现并测定的银河外星系的存在性，后来一系列的观测，特别是巴德依据胡克望远镜的研究结果，以无可争辩的事实表明，银河不再是宇宙的全部，而只是一系列“岛宇宙”中的一个而已。于是，人类对宇宙的视野，从太阳系到银河系，再从银河系扩展到河外星系。

胡克望远镜所导致的另一个著名科学发现也是由哈勃完成的，即哈勃红移定律。哈勃和他的助手利用100英寸胡克望远镜，进行了长期而枯燥的观测和计算后，发现远处的星系总是在向着远离的方向运动，并且距离越远，远离的速度越快。于是，他1929年提出了“星系退行速度正比于它的距离”的所谓“哈勃定律”，成为广义相对论和膨胀宇宙学说的重要依据，而威尔逊山天文台也因此成为国际科学界关注的中心之一，甚至连现代物理学教父爱因斯坦也曾几度来访。海耳所极力推动的天体物理学研究，在他的努力下，终于在美国结出了累累硕果。

四、壮心不已

海耳在美国科学史上的崇高地位不仅在于他作为天体物理学之父的杰出科学研究工作和若干巨大天文望远镜的建造，而且也在于他为美国科学组织体系建设所做出的重大贡献。这主要包括两方面的工作：其一是促进国家科学院为国防和研究尽力，并为此目标创建国家层次科学组织的思想和体系；其二是对加州理工学院的创建和培育。

对于前者，当1902年海耳刚当选为国家科学院院士之际，他就深感国家科学院作为国家最高的科学机构，应该“对于研究和发展、公众欣赏科学产生关键而积极性的影响”。为此，海耳一方面积极建议增加科学院成员的数量，特别是年轻而有远见成员的数量；另一方面要求拓宽科学院遴选其成员的领域，例如应该将工程和考古等扩充进来。他还建议并身体力行，通过合作特别是天文领域的国际合作，来增进科学院的国际地位。实际上，终其一生，海耳始终是个国际主义者，不但他自己的研究工作始终是在国际范围、国际水平上开展，曾经多次组织过国际性学术会议，而且在科学院内率先创建了一个太阳研究领域的国际合作联盟，联盟中包括大量欧洲的天文学家，他自己亲任会长，副会长是法国著名科学家亨利·庞加莱。

1914 年第一次世界大战爆发，海耳为了促进科学院为国防服务，建议在科学院内成立一个直接为军事和其他研究提供咨询建议的常设组织。这个机构于 1916 年正式设立，即国家研究理事会，海耳被任命为首届理事会主席。伍德罗·威尔逊总统在批准研究理事会成立的命令中，按照海耳的建议，将其使命规定为："推进在数学、物理学和生物学等科学领域的研究，推动这些科学在工程、农业、医学和其他工艺方面的应用，目标是增加知识、增强国防力量，并通过各种途径为公众福利做出贡献。"这个机构实际上不但为美国的国防建设做出了重大贡献，而且也为和平时期的科学发展及工农业等领域的发展做出了积极的贡献，并在美国的科技公共和私人资助、科学教育等公共政策和思想领域产生了深远的影响。

第一次世界大战结束后，海耳又建议组建"国际研究理事会"。1919 年，首先是"国际天体物理联合会"在布鲁塞尔宣告成立。到 1931 年，有 40 多个国家的 8 个专业领域在这个理事会的框架下组建了联合会。理事会的名称因此修改为"国际科学联盟理事会"，即后来联合国教科文组织的前身。海耳在 1932 年被推举为该理事会的主席。

工业化的成功，使美国一跃成为世界头号强国，也成为私人富翁最多的国家。大批私人财富的出现，使美国的富翁在穷奢极欲之余，也开始把目光投向社会慈善。海耳是最早提倡“授之以鱼不如授之以渔”的先驱者之一。他鼓吹社会慈善应优先资助科学文化事业，因为科学的昌明才能从根本上消灭贫困。他先是成功地说服卡内基将大笔资金投向天文学研究，继而又成功地争取到了洛克菲勒基金对这项事业的投资。美国的现代大工业是从私人部门开始起步的，而美国的大科学在海耳、劳伦斯这样的先驱者的努力下，也从私人投资中开始起步。正是在私人投资的带动下，美国政府最后才介入到大科学的行列中来，迎来了大科学时代。其中海耳的贡献功不可没。从这个意义上说，海耳堪称是大科学时代的先驱者。

对于创建加州理工学院的贡献，还得追溯到海耳刚开始主持筹建威尔逊山天文台不久后的 1906 年，那时他就担任了帕萨迪纳当地唯一的一所综合性技术学校斯洛普技术学院的校董。这所学校当时包括小学、中学、工艺培训和一小部分高等学院的教学，纯粹是一个大杂烩学校。海耳在繁忙的建设天文台和科学研究工作之余，对这所学校的建设也倾注了巨大的心血，他一开始就决定要按照麻省理工学院的模式来改造这所学校，把其建成一流的科学教育和研究的殿堂。为此，他一方面积极游说一些富甲一方的工业巨子担任校董，从而能为学校慷慨解囊；另一方面将中小学部分从学校分离出去，只保留高等教育部分，同时尽力延揽一流人才扩充学校的师资。特别值得一提的是，海耳差不多花了将近 10 年的功夫，最终将当时美国物理学的新秀，也是他过去在芝加哥大学的同事罗伯特·密立根动员到该校担任校长，这对学校的改造和建设具有关键性的意义。密立根到来之前，海耳已经说服学校董事会将学校的校名改为加利福尼亚理工学院，密立根的到来并担任校长职务，使得这所学校发生了脱胎换骨的变化，最终成为不亚于麻省理工的美国西部最著名的研究型大学。

海耳从小身体状况就不甚好，成年后，繁忙的科学研究工作和其他各种社会活动更加损害了他的健康。终于，在 1923 年，只有 55 岁的海耳，因为经常发生精神衰竭，不得不辞去了威尔逊山天文台台长的职务，退休回家养病。

退休后的海耳仍旧是病骥伏枥，壮心不已。从海耳的科学论文目录上看，即便是他即将去世的 1938 年当年，他还修订和出版了自己的科学专著。海耳一生写作了 400 多篇科学论文，十几部科学著作和科普读物。海耳有几部科普著作曾获得广泛赞誉，它们是《宇宙深处》（1924）、《在银河系之外》（1926）、《来自恒星的信号》（1931）等。

他一生获奖无数，其中包括 1894 年的巴黎科学院简森奖章、1902 年美国艺术与科学院的伦福特奖、1904 年的英国皇家天文学会的金奖等，可能是美国有史以来获得科学荣誉最多的少数几个科学家之一。

退休后，他不但仍然担任着天文台的荣誉台长，并且无时无刻不牵挂着天文台的发展和建设。20 世纪 20 年代，随着洛杉矶这座西部大都市的迅速繁荣，日渐辉煌的城市灯光开始对威尔逊山天文台的夜间观测造成日益严重的影响，这也促使海耳开始考虑解决的办法。支撑着有病的身体，海耳又开展了自己一生科学生涯最后的宏大计划。1928 年，他写信给洛克菲勒基金会，鉴于 100 英寸望远镜的巨大成功，要想取得更大的科学进展，就有必要建造一台更大的，200 英寸（5.08 米）口径的望远镜。这台望远镜的位置他已经选好，就在威尔逊山东南大约 145 千米处的帕洛玛山，这里条件绝佳，没有任何光污染。希望洛克菲勒基金能够给予资助。

1928 年，正值美国大萧条来临之际，要说服私人企业家投巨资于一项没有直接经济效益的纯科学研究项目，其难度可想而知。但海耳成功了，洛克菲勒基金会最终批准投资 600 万美元，在帕洛玛山天文台建造这架世界最大光学望远镜。建造工作于海耳在世之日开始，但由于第二次世界大战的影响，最后于 20 年之后的 1948 年才建成使用。而在此之前 10 年，离他 70 寿辰还差几个月，海耳已经因病去世。在帕洛玛山天文台的门厅里坐落着海耳的半身塑像，在塑像底座的铜牌上写着："这台 200 英寸望远镜以乔治·埃勒里·海耳命名，他的远见卓识和亲自领导使之变成了现实。"

（作者：王大明　高文杰）

沙普利

天文学家和世界公民

哈罗·沙普利

（Harlow Shapley，1885—1972）

哈罗·沙普利是现代科学史上最负盛名的天文学家之一。他关于银河系的研究成果推翻了当时流行的太阳在银河系中心的观念，如同哥白尼推翻了地球在太阳系中心的陈旧观念一样。在这个特定的意义上，沙普利堪称是现代的哥白尼。沙普利奉行科学的国际主义，是保卫和平、争取民主的斗士，参加了大量和平与民主的社会活动。功成名就后的沙普利关心年青一代的成长，在他担任哈佛大学天文台台长期间，创建了研究生院和博士生制，为美国和其他国家培养了一批天文学家。

距离沙普利去世已经半个世纪，虽然天文学前沿进展已发生迅猛变化，但沙普利的贡献依然熠熠生辉，是天文学发展历史中一座值得纪念的丰碑。

一、遇上良师益友

哈罗·沙普利 1885 年 11 月 2 日生于美国密苏里州的纳什维尔附近的一个农家，父亲威利斯·沙普利是农民兼小学教员。哈罗有一个孪生兄弟霍勒斯、一个姐姐莉莲和一个弟弟约翰。小哈罗在一所农村小学念了五年书，又到堪萨斯州的匹兹堡学了一段商业课程。16 岁时，他当上了堪萨斯州的查纽特《每日太阳报》的记者，次年又一度担任过密苏里州的乔普林一个警察局的记者。在查纽特，哈罗挤时间自学了中学课程。等攒够了钱，他同弟弟约翰决定回故乡报名上一所有声望的高级中学。但由于准备不够，兄弟俩均未被录取。他们上了一所基督教长老会办的学校。学了两个学期，哈罗就毕了业。约翰后来成为有名的艺术史家。

1907年，哈罗·沙普利快22岁的时候，才考上密苏里大学，打算学习新闻专业。入学后他被告知，新闻专业尚未建好，他只好改学别的专业。出于偶然的机会，沙普利选上了天文学专业。很幸运的是，他在密苏里大学遇到了几位高水平的教师，有的后来成为知名科学家。其中一位叫弗雷德里克·H. 西尔斯，后来去加利福尼亚州威尔逊山天文台，成为天文台里的骨干研究人员。沙普利念大学三年级的时候，见到了西尔斯教授。当时，沙普利正想在学校里找些工作做。担任学校天文台台长的西尔斯就叫沙普利当一名帮手。西尔斯称得上是沙普利的良师益友。西尔斯看出沙普利具有培养前途，就经常点拨他，并为他提供进一步深造的机会。1910年沙普利取得数学和物理学的学士学位。1911年取得硕士学位，同年，西尔斯推荐沙普利去普林斯顿大学天文台。在推荐信中，西尔斯说沙普利“非凡的勤奋”，具有“独立思考和一定的独创性”以及有“多种多样的兴趣”。

1911年，沙普利来到普林斯顿大学。虽然普林斯顿大学天文系人数不多，但他们的工作却很出色。系主任亨利·诺里斯·罗素是一名天体物理学家。当时，天体物理学还是一门年轻的学科，罗素是那个时代屈指可数的佼佼者之一。罗素颇有贵族气派，还是长老会教徒，沙普利是从密苏里来的乡下孩子，这两个人居然一见如故、意气相投。实际上，罗素后来成了沙普利的密友兼知己。还有一位后来与沙普利关系密切的教师，名叫雷蒙·史密斯·杜根，他是一位既刻苦又能干的观测家。沙普利同罗素和杜根紧密合作，对双星尤其是交食双星完成了卓有成效的研究。他们采用新的计算方法，分析交食双星的光变曲线和光谱资料，取得了恒星的大小、质量和距离等重要数据。沙普利用两年功夫，写完博士论文，后来把它扩充，发表在普林斯顿大学天文台台刊上。这是名副其实的大块文章：4 开本，176 页。尤其重要的是，沙普利分析的交食双星有 90 个，在他之前只计算过 10 个。并且，他那套分析方法一直沿用了很长时间，成了天文学上的经典方法。后来有人把沙普利这项研究誉为对人们了解恒星物理特性“最重要、最杰出的贡献”之一。

在普林斯顿逗留期间，沙普利还研究了造父变星。当时，人们普遍认为造父变星是一类双星。沙普利同罗素讨论以后，弄清楚了这种说法是站不住脚的。因为如果造父变星真是双星的话，那两个星就势必落到一块儿去。因此，造父变星不是双星，而是单星。为了解释造父变星的变化特性，沙普利提出了星体脉动的假设。不过，这个假设要等沙普利离开普林斯顿，1914 年到威尔逊山天文台之后才写成论文《论造父变星变化的本质和原因》发表。后来，英国著名天文学家亚瑟·爱丁顿作了进一步的理论分析，把脉动理论加以完善，从而成为一个基本理论。

青年沙普利在普林斯顿待了三年，就完成了两项重要研究。究其根源，除了沙普利本人的勤奋和独创性，还有罗素和杜根两人的指导与配合。由此可见，对于一个刚踏进科学殿堂的青年人来说，导师的真才实学是十分重要的。另外，年长的科学家们也要积极物色那些有出息的青年，帮助他们，培养他们，为他们创造各种脱颖而出的机会。

二、通向成功的大门

1913 年和 1914 年是哈罗·沙普利一生中的重要时期。1913 年沙普利润色博士论文期间，向他第一位导师西尔斯征询今后求职的意见。西尔斯那时已离开密苏里大学，去了威尔逊山天文台。西尔斯介绍沙普利同威尔逊山天文台台长海耳见面。时隔不久，沙普利就得到了威尔逊山天文台一个职位。不过沙普利没有立刻动身去西部，而是邀弟弟约翰到欧洲旅行了五个月。在欧洲，沙普利见到许多一流天文学家，增长了见识。不幸的是，沙普利的父亲在密苏里老家被雷电击中而去世。从欧洲归来，沙普利回普林斯顿，把交食双星的论文写完，然后打点行装奔赴加利福尼亚州威尔逊山天文台。途中，他结了婚，妻子玛莎·贝茨是他在密苏里大学数学课上认识的。婚后，玛莎同丈夫合写了好几篇论文。后来，玛莎自己成了交食双星的分析专家。他们生了一个女儿和四个儿子。

沙普利懂得，装备精良的威尔逊山天文台将为他提供极好的研究条件。不过，他毕竟初出茅庐，缺乏经验。所以在西行前，他专程访问了历史悠久的哈佛大学天文台，请教了那里的天文学家们，受益匪浅。特别是同索伦·欧文·贝利的一席谈话，为沙普利打开了通向成功的大门。贝利专攻球状星团中的变星，曾去哈佛大学天文台设在秘鲁的观测站作了大量观测研究。球状星团是一类特殊的恒星集团，它们形似球状，每个都包含成千上万颗恒星，其中可能就有造父变星。贝利已经发现球状星团中有许多造父变星，他建议沙普利利用威尔逊山天文台的良好条件，尤其是那架威力强大的60英寸反光望远镜，去发现球状星团中更多的造父变星。正是贝利的这一建议，导致了沙普利一生中最重大的发现。

哈佛大学天文台另一位天文学家勒维特的工作，也对沙普利的成功起了巨大作用。勒维特在大、小两个麦哲伦星云中认证出许多造父变星。而且，她发现这些星体的光变周期越长，其亮度越强——后来称之为“周（期）—光（度）关系”。勒维特的结果发表后，丹麦著名天文学家埃希纳·赫茨普龙就敏锐地觉察到，造父变星可以当作标准烛光，用来测定它们所在的球状星团的距离。所以，只要找到大量的造父变星，并对它们的光度进行定标，问题就解决了。从科学社会学角度看，那时候，客观条件已经具备，历史在等待的只是这个或那个天文学家去跨出这决定性的一步。年轻的沙普利深深懂得，他必须抓住这个大好机会。

三、踏着哥白尼的脚印

1914年，新婚的沙普利小两口儿登上了威尔逊山天文台。沙普利满腔热情，充满了想象，脑海里记着贝利的建议，还有勒维特和赫茨普龙……然而，路是一步一步走出来的。沙普利首先观测大量的球状星团，找到了许多新的造父变星，从而大大扩充了贝利和勒维特的研究结果。接着要做的，就是对这些造父变星（哪怕一个也好）进行定标。可是，球状星团都离地球很远，它们的距离不能直接测定，因而它们真实的光度也无法知道。沙普利就采用一种简单的统计方法，对球状星团造父变星的光度进行了定标，尽管不算很精确。基于这个定标，沙普利大致测定了那些球状星团和我们地球的距离。结果他发现，那些球状星团构成一个庞大的体系，我们的太阳位于这个体系的外缘。接着他大胆假定，球状星团体系构成了银河系的骨架，换句话说，球状星团体系的中心就是银河系的中心。所以，我们的太阳位于银河系的外缘。

到此为止，沙普利关于银河系的研究结果就同哥白尼关于太阳系的研究一样：哥白尼是把地球“挪到”了太阳系中心之外，而沙普利是把我们的太阳和地球“挪到”了银河系中心之外。

今天看来如此简单明了的结论，却是沙普利夜以继日地花了 4 年心血换来的。首先要拍摄千百张球状星团照片，并逐一检视，从中找出造父变星。接着就要对这些造父变星的亮度一一进行测量，并对亮度变化的周期以及一周期内的平均亮度仔细地加以测定。然后就是对造父变星的真实亮度（光度）进行定标，这项工作前人没有做过，难度又大。功夫不负有心人，在这 4 年当中沙普利陆续发表了 18 篇论文，总标题冠以《根据星团颜色和星等的研究》。其中，最重要的一篇（第十二篇）的标题是《关于恒星宇宙安排的评论》。就在这篇论文中，沙普利论证了太阳在银河系外缘的新观念，并且估计了太阳到银河系中心的距离约为 6 万光年，银河系的直径约为 30 万光年。按今天的标准，沙普利的数值偏大了大约一倍，但我们不能苛求于他。那时候，人们还不太知道星际消光现象使恒星显得比实际距离更远。

沙普利的思路和分析方法可以说既简单又直接，没有什么令人费解的数学公式，也没有什么高深的物理概念。已故天文学家巴德赞叹道：

> 我一直佩服沙普利的路子，他在很短的时间里拿下了这整个问题，最后得出银河系的图像，打垮了一切老派的银河系尺度的观念。

几百年来人们总以为我们的太阳在宇宙的中心。直到18世纪中叶才开始有人认真思考“银河系”及其和宇宙结构的关系。首先站出来的是德国哲学家康德，以及英国的莱特、瑞典的斯威登堡、法国的朗伯等人，他们各自提出了关于银河系的构想。18世纪末至19世纪初，英国天文学家威廉·赫歇尔作了大量的天文观测之后，提出了他著名的“裂银河系磨石”模型。在赫歇尔这个模型中，太阳离银河系中心不远。进入20世纪，在银河系研究领域中影响最大的，首推荷兰天文学家卡普坦。他测量了成千上万颗恒星的亮度，运用正统的统计方法分析这些资料，由此勾画出一个银河系模型。在卡普坦的模型中，太阳同银河系中心仍然很接近。显然，摆脱几百年的传统观念，需要很大的勇气的。事实上，那时候大多数天文学家照搬统计方法。已故天文学家博克后来回忆道：

> 当时，我们那些对银河系结构有兴趣的人，一开头就对统计分析这种先进的数学方法，怀着深深的敬意。至少

我自己十分钦佩高斯积分的错综复杂，而且我真诚地希望有朝一日找到某个解，好为全世界构造出一个描绘银河系模型的唯一确定的数学形式。

可是，沙普利这个毛头小伙子，把复杂的数学公式和高深的物理理论撇在一边，企图用既直接又简单的方法，去解决银河系结构这个难题。在一般人看来，这不能不说是冒险的、非正统的。然而，沙普利凭着非凡的想象力和创造性，再加上脚踏实地的工作，居然闯出一条新路，最后势如破竹，拿下了银河系结构这个难题。从方法论的角度来看，沙普利之所以取得成功，在于“从新的角度去看旧的问题”。科学史上这样的例子屡见不鲜。

四、智者千虑，必有一失

沙普利关于太阳偏离银河系中心的观点，并未遭到多大的反对。沙普利勾画的银河系轮廓，较之以太阳为中心的银河系旧模型，与银河系总体图景符合得好了不知多少倍。事情一经点破，觉得还挺容易。

可是，沙普利估算的球状星团造父变星的距离以及银河系的尺度，并不处处受欢迎。许多天文学家觉得沙普利的方法不太可靠，还有几位断定沙普利的数字偏大。于是，一场激烈的辩论发生了。1919年，威尔逊山天文台台长海耳决定让沙普利在美国国家科学院作一次报告，介绍他关于银河系和宇宙的新观点。海耳还建议，请沙普利最大的对手之一、当时在加利福尼亚州的利克天文台工作的柯蒂斯也作一次报告。

1920 年 4 月 26 日，在华盛顿特区召开的美国国家科学院年会上，以“宇宙的尺度”为题，举行了一次学术讨论会，沙普利和柯蒂斯之间的一场唇枪舌剑终于发生了，这就是现代天文学史上有名的“大辩论”。沙普利坚决辩护球状星团造父变星方法，因为那是他建立银河系新模型的基础，柯蒂斯则主张采用别的方法，由此得到的距离尺度比沙普利的小得多。沙普利在辩论中占了上风。不过，事情还有另外一面。辩论中涉及旋涡星云的本原，以及它们同我们银河系的关系问题。柯蒂斯对旋涡星云颇有研究。在辩论中他从许多不同的侧面论证旋涡星云是我们银河系之外的星系——“宇宙岛”，很有说服力。这点沙普利则明显处于劣势。首先，沙普利对旋涡星云没有很好研究过。其次，他以为银河系是一个硕大无朋、无所不包的天体系统，旋涡星云似乎也应该隶属于它。在这一“预想”的支配下，自然很难接受柯蒂斯提出的证据。最后，沙普利的朋友范玛伦测量了旋涡星云的自转（后来发现范玛伦的测量是虚假的），推断这些星云是我们银河系的成员，沙普利开始很怀疑，后来草草承认了，并用它来反驳柯蒂斯。

那段时间，沙普利在威尔逊山天文台牢骚满腹，很不得志，急待寻找机会，远走高飞，因此没有太多的时间和精力去思考旋涡星云的问题。沙普利轻率地否定了“宇宙岛”概念，以后又一错再错。直到 1924 年哈勃照搬沙普利的方法，无可辩驳地证实了“宇宙岛”概念，沙普利才悔恨交加，承认柯蒂斯是正确的。设想沙普利只要不那么固守他的“预想”，观测一下旋涡星云——这对他是驾轻就熟的事，那么按他的路子去完成伟大发现的将是他自己。沙普利在晚年曾经谈到，他一生中有过许多科学上的失误。否认“宇宙岛”理论，无疑是沙普利各种失误中最大的一个。就是这个最大的失误，伴随着沙普利一生中最大的成功——提出银河系新模型。

沙普利的一些失误是同他的钻劲和好揣测但理论功底不够相联系的。他思想大胆，有时似乎无拘无束。他一度对太阳能源问题感兴趣，提出了太阳辐射非各向同性的观点。这个想法，缺乏观测根据，也和当时掌握的理论不一致，遭到了海耳和罗素的严肃批评。为了解释“回避带”——银道面附近观测不到旋涡星系——这一现象，沙普利提出了“瓦解力”的猜想：球状星团穿过银道面时被这种力瓦解。海耳批评他不要无根无据就提出什么大胆的假说，罗素则告诫他假说不可滥用。后来沙普利又热心搞起“星流”现象的理论分析，一套奇特的想法把他引上了歧路。有意思的是，到了 20 世纪 20 年代后期，瑞典天文学家林德布拉德借助银河系自转的观念去解释“星流”现象，取得了圆满成功，从而为沙普利的银河系模型增强了说服力。

顺便提一下沙普利的一件逸闻趣事：沙普利的机敏和刨根究底个性，不但表现在天文学专业，也表现在其他方面，比如他见到威尔逊山天文台上常见的蚂蚁，从而产生了研究蚂蚁的癖好。在威尔逊山天文台工作期间，他晚上观测天文，白天有时间就研究蚂蚁。他发现蚂蚁的爬行速度同温度之间有一个线性关系，它们在中午时爬得比早晨或傍晚时要快得多。后来沙普利还发表了 5 篇论蚂蚁的专题论文，这是他常常引以自豪的。

五、怀才不遇，走为上计

那场“大辩论”的后效，对沙普利个人与其说是学术上的，不如说表现在生活道路上。辩论会之后不久，沙普利被任命为哈佛大学天文台台长，直到1952年他退休为止。事情还得从头说起。沙普利小两口儿一到威尔逊山天文台就埋头工作，论文一篇接一篇地出。与此同时，沙普利逐渐滋长了怀才不遇的情绪，尤其在1918年他提出银河系新模型前后更加如此。我们可以从沙普利当时的信件中了解大概的情形。

爱丁顿在英国撰文介绍了沙普利关于球状星团的研究结果，并给予很高的评价。1918年1月8日沙普利写了一封感谢信，说道：

> 看起来英国天文学家们不知道，我在（美国）这儿的地位是很低的。

1918年2月27日，沙普利在给罗素的信中说得更加明白：

> 你看出来没有？我们研究人员有二十好几位，大多数是年轻人，只有两三个老顽固。他们都会留在这里呢，还是移民去伊比利亚田园？

罗素回信劝慰道：

我认为在一个大单位人才济济并不会埋没人才，你的怀疑没多大道理。我觉得，只要文章是署各人的名字，不是“经长官批准”，这就蛮好了。

沙普利没有听罗素的话。他对威尔逊山天文台的政策也非常不满。名义上，台长是海耳，他也赏识沙普利，可是海耳体弱多病，又要参与国家科学院的事务，因而多半时间不在天文台。真正掌权的是代理台长沃尔特·亚当斯。在沙普利心目中，亚当斯待人有偏见，只信第一眼的印象，而且成天叫人观测、干这干那，不让思考，不让提假设。这使沙普利非常不满。他的一位朋友打算去威尔逊山天文台，沙普利写信告诉他：

我的的确确感到，只要还是亚当斯说了算，那么我一旦离开这里，就休想叫我回来。

接着他劝诫这位朋友别来威尔逊山天文台，并说出了他内心的感受：

要不是我把学东西看作很大的快乐，我将会觉得科学工作到头来太没出息，肉体备尝困苦，精神遍受同行相轻的折磨。驯良和谦卑完全无济于事。天文学上的理想主义并没有我过去想象的那么多。

事态每况愈下。沙普利写信给哈佛大学天文台，要求借用一些光谱照片。可是，当东西寄到威尔逊山天文台的时候，代理台长亚当斯以“我们一切自己干”为理由，要沙普利把东西退回哈佛大学天文台。沙普利不得不照办。他大为不满，写信向罗素抱怨：

> 我们宁肯要黑暗，不要光明，如果这光明是由不该发光的东西发出来的话……我怕再来几个这样莫名其妙的事情，会把我完全赶出天文学领域，要不就是强制性的懒散把我养肥了。这里干得最少的人最快乐，而且总是受宠。我就不一样了，我每提出一个新的念头，不管多么微弱，总是招来不满。

从沙普利往来书信中的这些只言片语，我们似乎看见了一个精力充沛、才华横溢的青年人，整日与受压抑、不得志的苦楚相争斗的形象。怎么办？三十六计，走为上。

有了打算，还得等机会。1919 年 2 月 3 日，哈佛大学天文台台长爱德华·皮克林逝世，沙普利立刻意识到这是一个难得的机会。在回忆录中，沙普利写道：

> 那天在回家吃中饭的路上，我听说皮克林死了。我在两条街的拐角停下脚步——现在我还能叫出街名——考虑我是否应该放弃研究工作。应该还是不应该？我应该抑制自己的抱负吗？最后我自言自语，说：“好吧，我试一试，

看能不能当上台长。"

沙普利说干就干。他先写信给海耳，又打听情况，又试探口气，想掂量一下他当台长的可能性有多大。接着沙普利写信给罗素，问他是否有打算当哈佛大学天文台台长，而且直率地提出：如果罗素不想当，就请推荐沙普利本人。

以哈佛大学校长洛厄尔为首的聘任委员会，在皮克林台长继任者问题上一时拿不定主意。在候选人名单上名列榜首的，就是罗素和沙普利这师生两人。罗素在学术上有很高的名望，但组织能力和行政管理能力并不太高明。沙普利年轻，缺乏经验，但精力充沛，有创造性。为了考察沙普利，洛厄尔校长委托两位朋友乔治·阿加西和西奥多·赖曼去华盛顿参加那场辩论会。这两位对沙普利的印象很好，赞成任命他当台长。

实际上，台长的职位先给了罗素。1920 年 6 月 13 日罗素把他上任后的打算，写信告诉了海耳：

如果他们接受这个计划，我就提沙普利当二把手……想想沙普利和我可以在哈佛干出什么！我俩可以说包下了恒星天体物理学这一领域。我俩能够搞理论，而且我会叫沙普利别海阔天空胡想。再说，沙普利知道现代照相测光领域，熟悉大型反光镜。哈佛那架从未用过的 60 英寸镜子，他会想出好主意去用的……事情沙普利一个人摆弄不了，我以自己衡量了台长的工作之后，确信了这一点……

但他将成为一个顶呱呱的副手，而且他一定会成长——我指的是对世界和各种事务的知识；如果他凭着理智成长，他就是一个天才！

不过，罗素后来改变主意谢绝了哈佛大学天文台台长的职位。哈佛大学校长洛厄尔就改聘了沙普利，经过半年过渡期，1921 年 10 月 31 日任命沙普利为正式台长。一个 36 岁的年轻人，就这样挑起了领导美国一流天文学研究中心的重担。

六、担任哈佛大学天文台台长

一个有活力、有抱负的人，一旦找到了可以施展本领的地方，他的亢奋和欢乐是不言而喻的。

沙普利走马上任后不久，《纽约时报》派记者去采访，报道这位年轻的台长以及上一年在华盛顿辩论的情景。沙普利知道了很高兴，写信告诉范玛伦说他真想看看威尔逊山那几个人读这篇报道他的文章时的脸色。在给罗素的信中，沙普利说自己依然还记得，每当有什么事说到“上广告的暴发户”（即沙普利），威尔逊山那一两个人就有多难受。短短两句话，沙普利扬眉吐气之感，溢于言表。

话说回来，重要的不是吐气，是工作。事实上，如沙普利自己所说，几年前他就在考虑往后的工作。按学历和经验，沙普利觉得最适合自己的是哈佛这样的地方，在这里可以为天文学作出最大贡献。现如今，沙普利如愿以偿了。在领导哈佛大学天文台的 31 年中，沙普利和他的同事们在科学研究、研究生培养和国际合作等方面都取得了卓越的成就。

20 世纪 20 年代与 30 年代是沙普利担任台长的黄金时代。他首先督促完成并扩充著名的亨利·德雷伯恒星光谱表。在此基础上，他与同事们合作，对各种光谱型恒星的距离和空间分布进行了广泛的研究。他还和同事们一起，详细考察了南天的两个麦哲伦星云，著名的“周（期）—光（度）关系”就是观测麦哲伦星云中的造父变星得来的。哈佛大学天文台在南半球（先在秘鲁，后在南非）建了一个观测站，对麦哲伦星云拍摄了大量照片。沙普利充分利用这个独一无二的条件，详尽地研究了麦哲伦星云的许多细节。后来他常用“麦哲伦云的物理学家”的名字以自得。

1924 年，哈勃采用沙普利制定的一整套方法，观测仙女座大星云和另外两个星云中的造父变星，测定了它们的距离，从而无可辩驳地证明了它们远在银河系之外。在事实面前，沙普利放弃了原来的看法，承认那些星云是银河系之外的银河系。沙普利把它们叫作“星系”，哈勃则给它们冠以“河外星云”的名称，两个人互不相让，争执多年，滋生了一种敌对情绪。美国天文学东部和西部之间的竞争，后来因 200 英寸望远镜的归属问题而进一步激化。这架巨型望远镜是由洛克菲勒基金会出资建造的，沙普利希望把它安装在哈佛大学天文台南天观测站，结果它最后归威尔逊山天文台所有。沙普利的气恼是可想而知的。

不过，沙普利对星系研究的兴趣却有增无减。他对南半天球和北半天球进行广泛的巡视，拍摄了成千上万个星系。他的研究结果表明，星系不但数量巨大，而且分布不规则，这一点是同哈勃的观点针锋相对的。哈勃强调，星系的分布是均匀的，这是建立结构单一的宇宙模型所必需的。

在 20 世纪 30 年代，沙普利的主要贡献是，证认了两个矮星系，一个在玉夫星座，另一个在天炉星座。这是最早发现的两个矮星系。今天我们知道，这些矮星系是星系世界的一个主要成分。

20 世纪 40 年代以后，沙普利还陆续做了一些研究工作，但大多数是和别人合作的。另外，他还发表了几本专著。这些著述的学术价值，平心而论已经远远不如他二三十年代的水平了。离开威尔逊山天文台以后，沙普利的主要贡献不是在研究课题上做出了多少成绩，而是创造了一个十分良好的学术环境。20 世纪二三十年代，哈佛大学天文台成了天文学家们尤其是青年天文工作者向往的地方。沙普利是一个坚定的国际主义者，他邀请世界各国的天文学家来这里搞研究。世界各国的天文学家，有年轻的也有年老的，纷纷来到哈佛大学天文台，同沙普利和他的同事们一起进行研究。其中有很多人后来成了名。1932 年，国际天文学会在这里召开全体大会，哈佛大学天文台的名声达到顶峰。

为了增强学术气氛，哈佛大学天文台除定期召开学术讨论会以外，还不时举办碰头会。后者是沙普利的一大创造。这种碰头会，不拘形式，气氛活跃，天文台工作人员和研究生都可以讲。每人 10 分钟左右，有人讲研究项目，也有人介绍四面八方的重大科学新闻。许多访问学者，不论是来自美国本土其他地区的，还是从海外远道来的，都很热心参加碰头会。

沙普利十分重视研究生的培养。在他之前的几任台长，既不开设研究生课程，也不授予博士学位。沙普利则想方设法，在同事的协助下，创立了“哈佛天文学研究生计划”。这个计划为美国和别的国家培养了几十位天文学家，他们中间很多人后来在其他地方也都创立了研究生计划。

沙普利和他的学生们建立了良好的师生关系。他给学生们提供各种机会，进行天文观测和实验操作，也让他们参加一些具体的研究项目。沙普利一家十分好客。逢年过节就邀请学生们参加他们的家宴，他们圣诞节的宴会更使学生们难忘。

七、晚年的余热

沙普利自 1921 年出任哈佛大学天文台台长，至 1952 年退休。在致哈佛大学校长的报告书中，沙普利总结了他任职期间对天文学的贡献。在详细描述了 1921 年以来哈佛大学天文台各方面的发展之后，沙普利特别提到两桩他最自得的事情：研究生的培养和国际合作。

前面谈到，第二次世界大战结束以后，沙普利的主要精力并没有放在天文学上，他越来越忙于国内和国际事务，参加各种社会活动。因此，沙普利作为一个天文学家的形象变得日益暗淡，哈佛大学天文台也开始丧失了它在天文学领域的领先地位。诚然，一个研究机构的盛衰，是由各方面的因素决定的，但是，这个机构领导人的努力，不能不说是一个重要的因素。事实上，沙普利的主要精力放在社会事务上，自然没有多少时间从事研究和写作。设想第二次世界大战后，如果沙普利及早辞去天文台台长的职位，让给更合适的人选，那么，沙普利可以把全部精力用在国内和国际的事务，而哈佛大学天文台也能够办得更好一些。

退休以后，沙普利仍然十分活跃。他到处作报告，尤其喜欢讲给年轻人听。那时，美国天文学会发起的访问教授纲领正在物色报告人，沙普利是最早受到邀请的人之一。他特别愿意到不开天文课的中小学、大学和少数民族学院去作报告。现在美国一些知名科学家仍然感激沙普利的启蒙，是沙普利第一次向他们展示了现代科学这个神奇世界。沙普利有声有色、充满独立思考精神的报告和著作，也感动了各行各业的人们。后来，以哈罗·沙普利的名字命名的一笔基金，专门用于资助美国天文学会的访问教授纲领，以鼓励天文学家们为提高普通民众的科学水平作出贡献。

沙普利于 1972 年 10 月 20 日在科罗拉多州的波尔多逝世，享年 87 岁。

沙普利一生获得了许多荣誉。1924 年他被选为美国国家科学院院士，1926 年被科学院授予德雷伯奖章。此外还有 1933 年美国艺术和科学院颁发的伦福特奖章、1934 年英国皇家天文学会颁发的金质奖章，等等。沙普利被十几个国家授予外国院士称号，乃至荣誉博士学位。他被许多学会授予主席的光荣称号，它们之中有美国科学促进会、美国天文学会、美国艺术和科学院、西格玛·克萨埃学会等。

纵观沙普利的一生可以看到，沙普利不仅是一位成就显赫的科学家，而且是一个有独立人格的人。沙普利的理想是，在科学的王国和人世间开拓新的疆域。在他的心目中，世界是一个整体，国与国之间的边界是不合人情的。他相信人的本性是善良的、高尚的。沙普利自己就是一名具有高尚人格的人。朋友们称道他是一位文艺复兴式的人物，对他的自负和虚荣则予以原谅。连他的诋毁者也不得不承认，他是 20 世纪科学史上的重要人物之一。

（作者：翁士达[1]）

1 本文初稿是作者在美国哈佛大学天文台进修期间写成的。写作过程中承蒙哈佛大学档案馆和哈佛大学天文台图书馆借阅沙普利的书信、手稿和图书资料，在此作者表示感谢。O. Cingerich 教授给予作者的指点和释疑，也是作者所难忘的。

狄克逊

最早的本土数学博士

伦纳德 · 狄克逊

（Leonard Dickson，1874—1954）

与今天相比，19 世纪末 20 世纪初的美国数学在世界上的地位相当低，美洲本土数学家为数不多，狄克逊是其中最引人注目者之一。他在芝加哥大学带动数学在新大陆的研究，使得该地成为 20 世纪上半叶的美国数学重镇。而他的数学成就使美国在代数学领域异军突起，领先于世界，狄克逊因此成为美国数学的先驱者。美国正是在像狄克逊这样的世界级数学家们的努力下，逐步成为世界数学的超级强国。

狄克逊这个名字对很多中国人来说可能并不熟悉，在一些世界著名数学家的中文传记里也不见收录，但提到著名物理学家杨振宁，国人一定无人不知无人不晓。他的父亲叫杨武之，是中国早期留学美国的学生，回国后当了清华大学数学教授，杨振宁的童年就是在清华园中度过的。杨武之在美国留学时就曾跟随狄克逊这位美国数学家研究数论，并在其指导下于 1928 年完成题为《华林问题的各种推广》的博士论文。有意思的是，继杨武之之后，杨振宁成年后也到芝加哥大学留学，不过学习领域变为物理学。父子两代人在同一所大学留学，也算是一段佳话。而芝加哥大学的数学和物理的优势，正是包括狄克逊在内的一批早期先驱者所创立。作为美国早期的本土数学家，狄克逊在数学研究领域取得了很高的国际声望，他在群论方面的研究成果形成了美国的学术研究传统，影响深远。

一、生平述略

狄克逊于 1874 年 1 月 22 日生于艾奥瓦州的印地彭德斯，父亲坎贝尔·狄克逊是个商人、地产投资者和银行家，母亲露西也是位受过教育的女子。狄克逊从小家境良好，是家庭的第三个孩子。

童年时候，父亲携全家迁往得克萨斯州。在公立学校上完小学、中学之后，年轻的狄克逊进入得克萨斯大学，师从该校的一位数学家、数学史家和非欧几何的支持者哈斯特德，并在学术上深受其熏陶。1893 年，他作为班级优秀生获得学士学位并留校任教，一年多后获得硕士学位。在此之后，对数学研究的浓厚兴趣使狄克逊立志成为第一代在美国本土攻读博士学位的数学家。为此，他向历史悠久的哈佛大学和刚成立不久的芝加哥大学提出申请。两所大学在审阅了狄克逊的材料后，同时向他发出邀请。经过细致周密的考虑，狄克逊最终选择了当时数学研究实力最强的芝加哥大学。

1894 年秋天，狄克逊进入芝加哥大学学习，在第一任数学系主任、数学家摩尔的指导下，于 1896 年获得博士学位。他的博士论文题目是《素数个字母幂的置换的解析表示及关于线性群的一个讨论》，这是对法国数学家约当研究工作的一个重要总结和拓展，同时也为他的第一部专著《线性群及伽罗瓦域理论》打下基础。

当时的芝加哥大学数学系有三位数学家，即摩尔、波尔泽和马斯克。正是他们三人，携手将芝加哥大学数学系建成美国一流数学人才的摇篮。三位数学家中，最值得一提的是摩尔教授，他是耶鲁大学毕业生，和那一代许多美国数学家一样，他曾游学德国，深受当时世界数学中心之一的哥廷根大学世界级数学家克莱因的影响。他在群论、不变量、域和数论等众多研究领域中均取得佳绩，也正是他，鼓励年轻的狄克逊从事代数方面的研究，在狄克逊学术研究的起步阶段提供了巨大帮助和支持。

获得博士学位后，狄克逊与同时代许多有抱负的数学家一样，决定到国外做博士后研究。在1896年到1897年间，他先到德国莱比锡，聆听了当时杰出数学家李的关于变换群论演讲，之后到法国巴黎师从约当。回国后，狄克逊在加利福尼亚大学担任数学讲师。1899年，他离开西海岸来到得克萨斯大学担任助理教授。此时，距他取得博士学位已经有3年时间，这段时间里他获得不少成果，在代数领域持续进行研究，共发表了30余篇论文。他还试图将研究领域向线性群和伽罗瓦域拓展。然而，美国当时书刊文献的匮乏，经常使他在研究的道路上举步维艰。1899年11月，他在给摩尔教授的一封信中表达了自己坚持不懈的决心，同时，多少也流露出自己当时的窘境：

> 我正试图查找魏曼的论文，如果您那里有斯德哥尔摩的期刊，能将临时的预印本给我吗？无论如何，我都很想借阅。我的工作始终有增无减，但是我不会放弃——即使它需要花费2年多时间——但这本书还是值得出版的。

摩尔教授和他的同事们为摩尔得意门生高水平的数学研究而深感

骄傲。在他们的努力下，狄克逊终于在 20 世纪初重返芝加哥大学任教。这一次，尽管校方一开始时只给他一个助理教授的职位，但对于一个准备在高等学府从事学术研究的人而言，还有什么能比丰富的资料、浓厚的氛围和杰出的导师更能吸引踌躇满志的狄克逊呢?

1902 年，狄克逊与苏珊结婚，婚后育有子女二人，拥有幸福美满的家庭。此后他在事业上踏上了坦途。从 1900 年开始，除其间曾短期在加利福尼亚大学担任客座教授的 3 年（分别是 1914 年、1918 年和 1922 年）外，狄克逊在芝加哥大学度过了近 40 年学术生涯，于 1900 年—1907 年任助理教授，1907 年—1910 年任副教授，1910 年—1939 任正教授，1939 年后成为荣誉教授。

授课和研究之余，狄克逊还兼任其他一些社会职务。1902 年—1908 年连任《美国数学月刊》主编，1910 年—1916 年连任《美国数学会学报》主编。此外，他还分别于 1910 年、1917 年—1918 年任美国数学会副主席和主席一职。

在漫长的学术生涯中，狄克逊笔耕不辍，撰写了大量优秀学术论文和著作，这些论著奠定了他作为杰出代数学家的历史地位。他早期发表的关于有限群理论的论文，堪称有限单群理论的经典之作，使得当时的美国在这一领域处于世界领先地位。1903 年，他在代数理论领域的研究也同样取得十分重要的成果，最著名的有可除代数和循环代数。

在其经典著作《代数及其算法》中，狄克逊充分展示了他在代数和数论方面的才华。这本专著出版后广为流传，并被译成德文，对后来德国数学家艾米·诺特、哈斯和布劳尔等人学术思想的形成起了重要作用。1932 年，这三位数学家与狄克逊的学生阿尔伯特一起攻克了这一领域的一个重要难题，即在有理数域上有限维可除代数的分类。《代数及其算法》的德文版于 1928 年荣获美国数学会的科尔奖。此后，狄克逊开始对华林问题进行更深入的研究。

狄克逊一生获得过很多荣誉。1913 年之后，他先后当选美国国家科学院院士、美国哲学会会士、美国科学与艺术学会会士，他同时也是伦敦数学会、法国科学院、捷克数学物理联合会的外籍院士或会士。1924 年，美国科学促进会为表彰他在代数算法上的杰出贡献而专门为他颁发一笔奖金。狄克逊分别于 1936 年和 1941 年获得哈佛大学、普林斯顿大学授予的名誉博士学位。

1939 年退休后，狄克逊不再从事数学研究，携妻回到了故乡得克萨斯州。1954 年 1 月 17 日，狄克逊在得克萨斯州的瓦克与世长辞，享年 80 岁。

狄克逊去世后，为后人留下了两个疑问：第一，为什么他在退休后竟会将自己所有文稿付之一炬？第二，为什么他退休回故乡后，除讲授几次暑期学校课程外，从此便彻底告别数学研究？对于第一个疑问，我们可以从狄克逊家族来寻找原因。1937 年，也就是狄克逊退休前两年，他的妹妹弗兰西斯记述父亲坎贝尔和母亲露西的传记就出版了。狄克逊与家人一直保持着很密切的联系，他曾为传记提供有关历史材料。这表明，狄克逊是了解妹妹这个计划的。事实上，书中关于母亲露西的生平有一半以上的内容是信件和日记，同时关于父亲坎贝尔的生平有四分之一以上是他的信件，并且大多数都是私人信件，其中有不少属于个人隐私。虽然狄克逊名闻遐迩，但他并不愿意将自己的私人生活公之于众。可能是出于保护个人隐私的需要，狄克逊烧毁了所有文稿。

对于第二个疑问，也许可以这样解释：狄克逊看到很多世界级的数学家在到达退休年龄后，实际上并不能再做出什么创造性成果。晚年数学家精力和创造力衰退的事实，以及年迈的父亲在墨西哥开矿投资失败付出昂贵代价的经历，每每提醒着他：与其去做力不从心的事，倒不如将更多机会留给年轻人。1939 年春天，他的学生完成了所谓理想华林问题的证明。在这种情况下，直觉告诉他自己需要退出数学研究的大舞台，他的确也这样做了。

二、代数研究

狄克逊是一位精力充沛、意志坚强、才智过人、笔耕不辍的数学家。从 1891 年到 1906 年的 15 年间，他至少发表了 74 篇报告和 67 篇论文。这使得他成为当时美国数学界最活跃、最多产的学者。他一生出版的 18 本专著和大约 300 多篇论文，涵盖了同时代数学研究的各个领域。

他最主要的贡献是有限线性群。在最初的 43 篇论文中，有 36 篇都是这方面的研究成果，这些论文也是他第一本著作《线性群及伽罗瓦域理论》的主要内容。然而，这本书的出版还发生了一段小插曲。狄克逊原本计划于 1900 年夏将他的手稿送往美国的出版社出版。他把自己的计划告诉了导师摩尔，摩尔建议他不要只把目光停留在美国的出版社，并提议写信给克莱因请求帮助，希望这位德国大数学家能够将书稿推荐给一家德国出版社。狄克逊听从摩尔教授的建议，于1900年4月7日致信克莱因，他在信中写道：

尊敬的先生：

恕我冒昧把即将出版的《线性群及伽罗瓦域理论》一书的样稿寄给您。如果您能对本书提出宝贵意见，我将无比荣幸。本书今夏可能在美国出版，但在吾师摩尔的提示下，我想到，如果有您的支持，杜布涅（出版社）也许会把它列入丛书出版。如果是这样，那么我将谢绝美国出版社的约请，而在今夏去欧洲聆听您对该书的指正。期待您的回音，并请原谅我的打扰……

读完狄克逊的书稿后，克莱因这样评价道：

本书详细讨论了线性同余群，或者更一般地说，是伽罗瓦域上的线性群，是对伽罗瓦、贝蒂、马太、约当以及当代很多研究者所做工作的总结。对伽罗瓦域理论进行基本、详尽无遗的阐述是很有必要的。在讨论线性群时，作者不仅找出了已发表论文的结论之间的关系，而且还成功地引入简写符号。准确地说，m阶线性群是由二次不变量定义的。书中介绍6阶线性群的结构时，短短几页篇幅就推导出高于6阶的群的情况，并且没有任何繁难的计算。

1901 年,《线性群及伽罗瓦域理论》终于由德国莱比锡的杜布涅出版社出版，我们有理由相信，克莱因的支持在其中确实起了很大的作用。随着该书问世，狄克逊在线性群、伽罗瓦域、有限单群等领域的研究方法逐渐深入人心，备受赞誉。

狄克逊的竞争对手、英国数学家伯恩赛德也赞同狄克逊将线性群的势作为研究代数的方法。正如狄克逊在前言中所写的那样：

> 1870 年，约当关于置换群及其应用的杰作出版，对于有限群理论有很多重要的补充。诺特、韦伯、伯恩赛德的著作论述了现今的抽象置换群理论。

伯恩赛德的《有限阶群论》出版于 1897 年，比狄克逊《线性群及伽罗瓦域理论》早问世 4 年。伯恩赛德的著作还存在不少不足之处，狄克逊在《线性群及伽罗瓦域理论》中对这些不足之处作了补充。伯恩赛德在书的前言中写道：

> 可能读者会有疑问，为什么书中大量篇幅讲置换群，然而对特殊的表示方式（如有限群的变换）甚至只字未提。针对这个问题，我的回答是以我们现有的知识状况，只有充分了解置换群的性质才能得出有关纯理论的很多结论，而通过思考有限群的线性变换是很难得到这些结果的。

从《有限阶群论》1911 年第二版来看，狄克逊在线性群和弗罗贝尼乌斯在群的表示和性质方面所做的重要工作为伯恩赛德的研究提供了巨大帮助。虽然书中并未提及狄克逊，但伯恩赛德承认：

> 由于（狄克逊）这本书的出版，有限阶群论取得相当大的进展。尤其是有限置换群论在几个作者的笔下已经成为很多重要的研究课题。我原先在前言上所说的忽略那部分内容的原因也不再成立。

可见，《线性群及伽罗瓦域理论》对于有限线性群理论的研究具有深远的意义。尤为可贵的是，它的出版标志着美国数学新气象的到来，更标志着20世纪美国在有限单群理论上领先于世界的时代的到来。除在线性群领域做出突出贡献外，狄克逊在其他数学研究领域也成绩斐然。他早期的论文中就已经涉及代数几何方面的问题，这些研究很自然地将他引到代数不变量和有限域同余不变量的研究领域中。在有限域的同余不变量方面，他发表了基础性的论文《同余不变量的一般定理》和其他许多论文，并用大量的篇幅对一些特例进行详细的说明。在1914年出版的《代数不变量》一书中，狄克逊阐述了他的关于代数不变量的经典理论。同年，他还出版了《线性代数》一书，这些著作的出版使他跨入多产数学家的行列。

狄克逊还在有限可除代数方面写了很多论文，如《除法唯一可能的线性代数》《关于线性代数》《除法唯一可能的交换线性代数》等。在《三维代数与三元三次型》论文中提出三维代数和三元三次型定理是相联系的。在 1937 年发表了名为《关于非结合代数》的论文，其中涉及大量有关二阶代数的研究成果。

1939 年，狄克逊出版《近代数论初步》。布林克曼评价此书道：

> 本书前四章对数论的初等话题作了简短而令人满意的介绍，其中包括二元二次型。这部分内容对初学者来说很容易，而且有许多适合于他们的问题。余下的 200 页是高等的内容，大多可“附”以文字。全书的证明都是“初等”的（除附录外），总体来说，要比同类文献更简单。有好几章讨论二次型，其中之一包含了三平方数定理的推广……

他关于代数算法的工作首次出现在《四元数的算术知识》一文中，他大部分关于算法的工作后来收入《代数及其算法》一书中。作为一个涉猎广泛的数学家，狄克逊对矩阵论也抱有浓厚的兴趣，他的《近代代数理论》一书便是最好的证明。此外，狄克逊还从李群的角度来看微分方程问题，在几何方面发表了大量的学术论文。

三、数论及其历史

著名德国数学家高斯曾说过，数学是科学的女王，数论是数学的女王。狄克逊对这一论断也同样坚信不移。他一直都希望能在数论方面做出自己的贡献。早在 1903 年，摩尔就评价他是“全美数学界最强的研究者之一”。1910 年，美国科学界进行美国科学巨人第二届选举，狄克逊跻身前七位美国数学家之列。1911 年，当狄克逊开始从事数论研究时，37 岁的他已经处于荣誉和地位的巅峰。然而，面对极其艰深的数论，狄克逊并未停下前进的脚步。没有哪一件事能比狄克逊投身数论史研究更能折射出他的顽强意志了，这种顽强意志后来甚至被人说成是“狄克逊式的意志”。

狄克逊的论文《费马定理的一般形式》讨论了有限域上费马定理的一般形式。他对完全数的存在性也很感兴趣，同时写了一些与之有关的盈数的论文。关于费马大定理，他也写了许多论文，如《费马大定理与代数理论的本质和起源》《费马大定理》《猜想 $x^n+y^n+z^n=0\ (\mathrm{mod}\,p)$》等。在 1926 年—1930 年年间，他将大部分精力放在二次型的算术理论上，尤其是二次型的一般形式。1927 年，狄克逊开始对堆垒数论产生浓厚兴趣，在学术生涯的后期，他发表了很多这方面的论文。

1910 年 2 月，他在研究不变量理论的同时，向卡内基研究院院长伍德沃德提出更加深入地研究数论的想法。同年 10 月，在得到数学家雷默的支持后，他又一次给伍德沃德写信，信中写道：

> 年初的时候，我写信向您提到关于数论史研究的问题，希望搜集从古希腊开始的所有数论资料。您在 2 月 13 日的回信中写道：“这项工作需要全面、彻底地展开，并且将是旷日持久、耗费精力的。”
>
> 现在我向您汇报这项重要工作的最新进展，几个月前我已经完成了文献收集的前期工作——第一手文献资料、现存的百科全书和相关记载。

> 除8小时教学工作以及不定期编辑工作外，我每周花费40—45个小时，全身心投入这项工作。那些了解该研究计划的人，都对它的作用给予高度评价——但他们显然并不看好这份劳动。起初，我没有把握好我的研究方向，发表了4篇论文来填补该领域的某些空白——但现在我牢牢坚守一个明确的目标……

狄克逊所参考的文献资料大部分来自《伦敦科学论文目录皇家学会索引》第一卷（1908）及《国际科学文献目录》年鉴（英）、《数学进展年鉴》（德）、《数学出版物半年刊》（法）、波根多夫《数学小词典》（德）、克鲁格尔《数学词典》（德）、沃尔菲奥《数学书目》（德）、《数理科学文献与历史公报》（意）、《数学文献》（瑞典）、康托尔主编的数学史论文系列（德）、各类历史书和百科全书[包括《数学百科全书》（法）]。狄克逊先后去了芝加哥大学图书馆、加利福尼亚大学图书馆、芝加哥克雷拉图书馆、剑桥大学图书馆、剑桥大学三一学院等处直接查阅旧书刊。他还充分利用了纽约普林普顿个人所藏的珍本和手稿。1912年，狄克逊相继到英国博物馆、肯辛顿博物馆、皇家学会、剑桥哲学会、法国国家图书馆、巴黎大学、法兰西学院、哥廷根大学、柏林皇家图书馆等处广泛查阅相关文献。他从各家图书馆借阅了许多书籍，还从著名数学史家阿奇巴尔德那里借阅了《女士日记》以及其他日记。

耗时多年、卷帙浩繁的三大卷《数论史》包括整除性与素数、不定分析、二次及更高次式。在第二卷中，狄克逊对不定分析做了系统的研究，为该领域提供了独特的、透彻的视角。狄克逊称：“因为有太多不定分析方面的论文仅仅给出特殊解，人们希望将来该课题的研究者在得出关于所攻问题的一般定理（如果不是完整的解）之后才发表论文。唯其如此，该领域才能与其他强劲的数学分支一样保持应有的地位。”他还用自己数学生涯的最后15年时间来建立不定分析的一般形式。该书层次清晰、思想明确、风格朴实而严谨，不含任何多余解释，简洁明了地摘录出从数学发展之初直到20世纪20年代所有数论思想。雷默称之像“写一部历史所需的参考文献目录一般”。他的学生阿尔伯特则评价道：“一个普通人要用一生的时间才能完成这三卷书！”由于某些原因，狄克逊没有提及二次互反定律，也就是第四卷的内容。

也许有人会问，为什么狄克逊在他的巅峰时期，会投入13年时间去从事数论史的研究呢？对于这个问题，可能存在三个原因：第一，他想系统地了解前人在这个问题上做出的研究和贡献；第二，因为欧洲人曾经写过数论史的书，而他想写一本美国人自己的书；第三，正如他在《数论史》前言中所写的那样：

> 我深信，每个人都应该在他一生中的某个时候做一些除自我满足外绝不可能有任何回报的严肃而有用的工作。

虽然他认为此项工作“绝不可能有任何回报”，但是，正是这种无私奉献的精神使得狄克逊的历史研究获得很高的赞誉，《数论史》一直是最具权威性的百科全书，“崇高而有价值”。正如他自己所说的那样，本书“翔实地记载了整个数论文化”，全书的每一个章节无不展示出他的研究的彻底性和深邃的历史眼光。让我们来看第一卷第一章第一个话题“完全数、盈数和亏数”。狄克逊搜罗了从公元前3世纪古希腊欧几里得开始直到20世纪热拉尔丁2200余年间的180多种文献，涉及的人物（包括狄克逊本人）近170位之多！以下是其中的片段：

> 公元10世纪下半叶，萨克森的修女罗茨维特提到完全数6、28、496、8128。
>
> 伊本·艾斯拉在为《摩西五经》作注解时，提到10的任意相继两个幂之间存在唯一一个完全数。
>
> 12世纪末，安金在《治愈心灵》一书所列出的教育计划中提到了完全数的研究。
>
> 约当努斯指出，每一个完全数或盈数的倍数为盈数，一个完全数的每一个约数都是亏数。他试图证明“所有盈数均为偶数”这一错误命题。
>
> 斐波纳契在《算经》(1202) 中引用到了完全数
>
> $\frac{1}{2}\cdot 2^2(2^2-1)=6$，$\frac{1}{2}\cdot 2^3(2^3-1)=28$，$\frac{1}{2}\cdot 2^5(2^5-1)=496$
>
> 其中不包含$\frac{1}{2}\cdot 2^4(2^4-1)$，因为$2^4-1$不是素数，他说依次算下去可求得无限多个完全数。

> 写于1456年和1461年的慕尼黑手稿给出了已知的前四个完全数，还正确地说第五个完全数为33550336。
>
> 休凯定义了完全数、亏数和盈数，并提到了欧几里得法则的证明，还错误地指出：完全数的个位数交替为6和8。

在长达1500多页的篇幅中，狄克逊始终保持着这种简洁、严谨的写作风格。事实上，他的历史研究工作堪与他的数学研究工作相媲美。美国著名数论家卡米切尔在读完第二卷、第三卷之后，在《美国数学月刊》上发表评论称：

> 对于像数论这样庞大而具有如此悠久历史的学科，要给出全部文献的完整叙述乃是一项浩大的工程。本书极其成功地完成了这项工程，当你面对它时，必将肃然起敬。今后，这部历史对所有数论研究者来说都将是不可或缺的……在整个科学史领域，它是无与伦比的。

《数论史》出版后，在当时众多数学史书籍中脱颖而出，对数论的传播和发展起了巨大的推动作用。今天，它已成为数学史经典之作，被公认为数学史上的一座里程碑。特别地，正如狄克逊所希望的那样，很多业余数学爱好者得益于该书的浅显易懂。著名数学家雷默在看完第一卷后指出：

> 该领域的专业人士最需要通过这部著作来提高效率，

> 避免在业已解决的问题上浪费时间，同时也对人们尚未能作出分析的难题给予提示。

为了确保第四卷的出版，他继续工作到 1923 年，很遗憾的是，由于某些原因第四卷未能出版。

《数论史》的出版影响了一大批优秀的数学家和数学史家。

从 1900 年开始，狄克逊除了数论史的研究，还坚持不懈地在不变量理论和代数理论方面进行研究，相继出版了 7 部著作，发表了 50 多篇论文。

四、博士生的培养

狄克逊也是一位“多产”的博士生导师，他将自己导师摩尔所开创的优良的教学传统发扬光大，为下一代数学家的培养做出了卓越的贡献。从表 1 可见，在 20 世纪 40 年代之前，全美共有 229 位女性获得博士学位，其中芝加哥大学就培养了 46 位，占全美国女博士的 20%，而仅狄克逊一人就指导了 18 位女博士（差不多占他学生总数的 27%），占 20 世纪美国数学家中不小部分。这 18 位女博士占芝加哥大学女博士总数的 40%，占 20 世纪 40 年代前全美国女博士总数的 8%。狄克逊的贡献对芝加哥大学女性在数学上进一步深造的良好氛围的形成起了重要的作用。狄克逊门下的女博士生一致认为狄克逊所在的芝加哥大学数学系在全美各个接受女生申请的高校中是最令人向往的地方。女数学家爱丽丝·莎弗尔认为，“雪球”效应可能是带给狄克逊大量女学生的一个重要原因。但我们应该看到，其中更重要的原因是狄克逊杰出的数学成就以及他的严谨踏实、坚忍不拔、无私奉献、嘉惠后学的高尚品质和人格魅力。

表 1　20 世纪 40 年代之前全美国女博士人数（单位：人）

学校	19世纪80年代	19世纪90年代	20世纪00年代	20世纪10年代	20世纪20年代	20世纪30年代	总数
芝加哥大学	0	0	1	8	13	24	46
康奈尔大学	0	3	1	3	6	8	21
布林莫尔学院	0	2	2	2	5	8	19
天主教大学	0	0	0	1	1	13	15
耶鲁大学	0	3	5	1	1	3	13
霍普金斯大学	0	0	0	5	5	2	12
伊利诺伊大学	0	0	0	3	1	8	12
拉德克利夫学院	0	0	0	1	2	6	9
哥伦比亚大学	1	0	3	2	1	1	8
其他美国学校	0	1	6	9	17	41	74
总计	1	9	18	35	52	114	229

让我们看狄克逊的几位优秀的女博士生。桑德森是狄克逊 1913 年的女博士生，同时也是他第一位女学生。她在 1913 年完成了关于模的不变量的博士论文，这也是在狄克逊 1907 年尝试用不变量理论探索数论的启发下完成的。桑德森的主要成就已被誉为“经典之作”。1913 年秋，桑德森到美国威斯康星大学任讲师，一年后因患肺结核不幸去世。狄克逊称她为“最有天赋的学生”。

哈兹雷特是狄克逊 1915 年的女博士生。她主要从事两方面的研究：满足结合律的线性代数和模的不变量理论。她在哈佛大学作博士后研究，先后在布林莫尔学院和曼荷莲学院任教，后来为寻求更好的学术氛围而到伊利诺伊大学任教。1924 年，在多伦多召开的国际数学家大会上，哈兹雷特将狄克逊的有理代数解法推广到任意域上的代数（狄克逊在此次大会上给出了同样的结论）。“学生的成就乃是老师的奖杯”，想必狄克逊为自己能培养出这样优秀的竞争对手而感到无比欣慰。哈兹雷特与狄克逊一样在数学研究上受到很高的评价。她撰写的论文数量超过 1940 年前任何一位女数学家。她担任《美国数学会学报》合作主编长达 12 年，数度组织美国数学会会议。在 1903 年到 1943 年间，哈兹雷特与另两位杰出的女数学家斯考特和韦勒一起，在男性所主导的学术星空发出耀眼的光芒。

罗格斯顿是狄克逊 1921 年的女博士生，在其研究后期对代数几何产生了兴趣，并取得了卓越的成就。她在芝加哥大学任教长达 25 年之久。在普通人看来，她是一位特立独行的学者，她喜欢在极少有女性供职的重要研究机构工作。最典型的是，她在芝加哥大学通常教本科课程。在指导 4 位博士生学习时，她自己仍旧保持高水平的研究。

瑞斯是狄克逊 1931 年的女博士生，也是很有个性的学生。除在学术上具备良好素养外，她还为争取联邦政府对数学研究划拨更多基金做出了重要贡献。她同时认识到计算机对科学发展的重要性，提出了许多有关数学教学改革的重要主张。

除哈兹雷特、罗格斯顿、瑞斯外，狄克逊还指导其他 15 名女学生，她们也分别活跃在各自的数学舞台上，成为美国数学界的栋梁之材。

凡是听过狄克逊讲课的学生，在半个多世纪之后，仍然保留着对他的深刻印象，当年的课堂仿佛历历在目。狄克逊不是那种用陈旧、生搬硬套的教学方式授课的教师。他准备好简明扼要的讲稿，以严谨的治学态度讲授给学生。为鼓励学生尽可能施展自己的才华，他经常布置一些任务，要么让学生分析这些材料，要么完全由他自己作报告。但他从不袒护学生的缺点，而是尖锐地予以指出。事实上，学生是这样评价狄克逊的：

> 出于对学生的殷切期望，他的言语表现得生硬直率。他在自己努力工作的同时，也希望学生能努力工作。

对狄克逊的评价，反映出他是一位良师益友，在学生追求理想的道路上，他总是提供无私的帮助。尽管他的方式略显生硬，但对于下一代数学家来说，在更多时候，有机会跟随狄克逊学习无疑是人生中珍贵而难忘的经历。他的学生杜伦认为，狄克逊身上焕发着不同于常人的人格魅力。杜伦说：

> 从传统的意义上说，狄克逊不太像个老师。我认为他的学生更多的是把他作为数学家来效仿，而不是受教于他。他往往把学生带到该领域的前沿，因为他所研究的课题在当时总是最新的。正如芝加哥大学研究生胡斯顿所说："狄克逊想要你和他一样。就是当你年轻的时候，力争达到最

前沿，这就是一切。”

狄克逊的人生目标是成为最杰出的数学家，在这一领域的前沿贡献出他全部的学术生命，在教学过程中，他也时常要求他的学生树立这样的信念。狄克逊对学生要求很严格，如果他发现他的学生在能力上有可能无法完成学习目标，狄克逊会立刻对他的博士生实施一个特别措施：他会布置一个比博士论文题目小的预备问题，如果学生在三个月内解出，他就同意指导这个学生；如果无法按时完成，学生就不得不找其他导师。狄克逊很显然通过布置为期三个月的测试题，来检测这个学生能否踏上通往“研究前沿”的征程。如此严格的要求非但没有吓退向他提出攻读博士申请的学生，相反，狄克逊通过这种方式表现出的对科学的严谨态度吸引了更多优秀的学生投奔他的门下，其中就包括本文开头提到的杨振宁的父亲杨武之。狄克逊一生共培养了 67 位博士生。

狄克逊是一位多产的数学家，他在数学园地里辛勤耕耘、硕果累累。他也是一位著名的数学史家，他以一名数学家渊博的学识和深邃的洞察力，撰写了经典的历史篇章。他还是一位杰出的导师，他以独特的人格魅力、高尚的意志品质、严谨的治学态度和严格的选拔要求吸引、培养了众多的博士生，其中不乏知名的数学家。无疑，狄克逊深深影响并有力推动了美国数学发展的进程。他的杰出数学成就，以及他那为人、为学、为师的丰富经历，都为后人留下了弥足珍贵的精神财富。

（作者：柳 笛 汪晓勤）

布什

科技政策的工程师

万尼瓦尔·布什

（Vannevar Bush，1890—1974）

美国仍是当今世界科技强国，特别是在基础科学及其应用开发方面，可以说从第二次世界大战以来至今无出其右者。探究美国科技持续强盛的原因，具有很大现实意义。回顾美国20世纪以来的科技发展历程，有一点现在也可能是老生常谈但又不无启示意义的认识，那就是科学技术事业的发展除要有大批的研究专家外，杰出的管理和组织专家也是必不可少的。万尼瓦尔·布什正是这样的人物，因为他的名字的确是一个美国科技事业由边缘走向中心这段历史时期无可回避的名字。

在第二次世界大战期间，布什被认为是“有可能决定战争胜负的人”。战后他所发起撰写的《布什报告》成了美国制定科学政策的“圣经”。他还预见到了个人计算机和数字化图书馆的无限前景，成了信息时代的预言者。1974年6月底，当布什逝世时，美国各大报纸都刊登了讣告并发表了大量纪念文章，其中时任麻省理工学院校长兼总统科学顾问的威斯纳这样写道：

> 对于科学技术的发展而言，美国没有任何人比万尼瓦尔·布什的影响更为巨大。在20世纪可能不会再有能与他相提并论的人了。

一、生平理想：成为一名工程师

万尼瓦尔·布什于1890年3月11日出生在离美国东部重镇波士顿不远的一座海滨小城普罗温斯顿，家中还有两个分别比他大9岁和4岁的姐姐。当他1岁时，随父母迁移到波士顿郊区一个叫切尔西的卫星城镇。他的父亲理查德·佩里·布什原来是个水手，后来成为一名新教平民牧师。父亲对布什最大的影响有两点：一是自由教派的积极入世思想，二是雄辩的演讲才能。布什的母亲是位商人的女儿，但气质高雅。

牧师的收入十分有限，勉强能够维持家庭的最低开支。而布什从小又是个体弱多病的孩子，用他自己的话讲，是“生了不少时间的病”，得过“儿童时期常见的”几乎所有的疾病，有一次甚至严重到卧床不起达一年之久的程度。所以他的童年几乎是在贫病交加中度过。好在母亲很节俭，父亲很乐观，使布什战胜了这些人生道路上最初的困难，慢慢长大了，同时体验到了下层百姓的悲苦炎凉。

布什在切尔西的小学和中学上学，学习成绩不错，特别是数学和物理，很早就表现出了在这方面的才华。他不仅喜欢动脑，也很喜欢动手。学校里的手工课是他最热衷的科目。除了学校的课程，他还在家里的地下室摆弄各种玩意儿，一方面是出于个人对新奇发明的兴趣，另一方面他也清楚地知道自己家里的财力状况，很快就会需要自己把教育变成谋生的手段。还有一个社会时尚方面的原因，布什的少年时代，即19世纪末20世纪初，当欧洲上流社会正关注科学上的各种新奇发现，进入所谓“激动人心的年代”时，美国社会的中产阶级却更津津乐道于诸如贝尔的电话、爱迪生的电灯和留声机等大量技术上的发明和进步，因为这些发明不但满足了人们的好奇心，也给发明者带来了巨大的物质财富。因此，对于中下阶层的男青年而言，做出技术方面的创新发明，不但可以年纪轻轻就光宗耀祖、出人头地，从事令人羡慕的职业，过上比父辈更体面的生活，而且也体现出一种心灵手巧、追求新奇的新时代的男子汉气概。

1909 年布什高中毕业，身高 183 厘米但体形偏瘦，不太好运动但好动脑的他很想进入一所比较好的大学继续学业，但由于两个姐姐上大学已经用尽了家里的积蓄，他选择大学的第一个条件就是必须能自己挣钱念书，所以他只能选择离家不远的塔夫茨学院。他在同届入学的 125 名新生中数学是最好的，物理也很棒，所以为同学们辅导数学和物理课，就成了他挣钱补贴家用的一个办法。他常常在晚上开设辅导课，为了吸引更多的生源，他也叫来一些要好的朋友做“学托”，就是大家都来听他的课，并拿出 5 毛钱听课费放在面前做示范，但这些钱布什是不收的，最后还是由他们自己收回去。布什上大学二年级时，还顶替一位因病请假的教师教了半学期的课。有时间的时候，布什也会琢磨各种技术发明来解决经济问题。例如他曾经设计出一种半自动机械地形测量仪器，当他推着这个新鲜玩意儿在田野间做试验的时候，别人还以为他在收割着什么，因为那东西的确像个收割机。这架“收割机”于 1912 年获得专利，是布什平生所获得的第一项专利，虽然这项技术发明最终也没有找到买主。

这个时期最重要的收获，就是他为自己找到了未来的方向，那就是成为一名真正的工程师。他写道：

> 我重新为思想确立了方向。事实上，我第一次决定要做一个真正的工程师。我不但要懂事，而且要懂人。

在此后的数十年间，他一直都在孜孜不倦地朝着这个方向努力。20 多年后的 1937 年，布什在《科学》杂志上发表了一篇文章《工程师及与政府的关系》，对自己少年时的理想做了总结，那就是工程师实际上决定了政府工作的效率和社会发展的面貌。

当他 23 岁大学毕业后，为了能挣到足够的钱再回到学校读博士，另外也为积累待人处世的社会经验，布什先进入当时如日中天的通用电气公司工作，一年后又到一家女子学校担任数学教师。最后于 1915 年秋天，经母校校长推荐，他终于得到了克拉克大学的一笔奖学金——1500 美元——用以攻读工程博士学位。布什到了学校，发现指导教授是要他研究声学而不是他原来所谈好的工程，布什立刻表现出了不愿意受人摆布的自主意识，放弃了这来之不易的奖学金，离开了这所学校，改为申请攻读麻省理工学院的电气工程博士学位。

二、麻省理工学院的岁月：从学生到教授

麻省理工学院答应录取他来攻读博士，但没有奖学金，而他口

袋里前两年工作挣来的钱只够他维持一年的学习费用。于是他还得千方百计地说服学校同意他用一年的时间取得博士学位。他甚至跟电气工程系里指派指导他的教授签了个合同，以保证若他在一年内完成论文，学校应授予他博士学位。而那位导师根本不相信他能按时完成论文。

但出乎该导师的意料，布什竟然提前完成了博士论文。1916 年 4 月，他向导师提交了一份长达 169 页的论文，内容是关于在亥维赛工作的基础上，探讨把某些微分方程变换成更容易计算的代数方程的数学运算，以帮助解决电力传输中的一些相关技术理论问题。这篇论文最终获得了通过，布什于当年的夏天拿到了博士学位，然后回到自己的母校塔夫茨学院当了电气工程系的助教。

这时候欧洲已经爆发了第一次世界大战，而远隔大西洋的美国虽然竭力想保持中立，但最终还是于 1917 年 4 月参与了战争。在此之前，实际上已经有一些科学家和工程师参加了部分军方的工作，其中发明大王爱迪生担任了海军的一个科学咨询委员会的主席，目的是激励发明家来证明爱迪生的“现代战争是机器的问题，而不是人的问题”的观点。受爱迪生喜欢实干、不尚空谈理念的影响，爱迪生委员会的成员几乎都是工程师和工业家，没有科学家。于是受到冷落的科学家们在 1916 年成立了自己的委员会，称为国家研究委员会，隶属于国家科学院。这个国家研究委员会将自己的目的定为革新美国的武器装备。当时德国的潜水艇屡屡攻击美国的船只，海军急切希望找到有效探测潜艇的方法，这项任务最后交给了国家研究委员会里的物理学家密立根。

年轻的大学助教布什牛刀小试，他也从自己的角度第一次介入了军事方面的研究。他提出了一种装置，可以利用磁场干扰的方法来探测潜艇的存在。为了实现自己的理论设想，布什于1917年5月到华盛顿面见密立根，当面陈述了自己的想法。他的意见得到了密立根的重视和支持，密立根认为布什的设计值得做成实物大小的模型来进行实验。鉴于布什不愿意接受政府控制，密立根答应给著名的私人基金会——摩根基金会的主管写信，推荐由他们来资助布什的实验工作。布什从与密立根的会晤中得到了极大鼓舞，立即着手推进这项实验。虽然实验最后以失败告终，但他认为这主要是因为军方对技术的了解不够和效率低下所造成的。但他也得到了一个收获，那就是：

> 战争不只是个军事行动，它不是武器的问题，它不是军队之间的冲突，它是个庞大的经营业务，它是个巨大的工程问题。

随着第一次世界大战的结束，布什也离开塔夫茨学院，来到麻省理工学院的电气工程系任教。从1919年开始，布什在这里度过了20年时光，为麻省理工学院电气工程专业和其他科学的研究与教育做出了极大贡献。当时的麻省理工学院，电气工程虽然已经成为独立的系，但仍然停留在比较初级的水准上。在1921年之前，全系甚至还没有研究方面的预算，当时的系主任委托布什负责研究生的学习和研究活动，布什以极大的热情投入到这项工作中去。1921年，麻省理工学院电气工程系取得硕士学位的只有 4 个人，一年以后，有了 37 人，第二年是 45 人。总之，由于布什的介入，从 1922 年开始的 10 年中，电气工程系平均每年授予 51 个硕士学位，这是前 10 年的 10 倍！后来甚至有人说当时美国全部电气工程师的三分之一出自麻省理工学院。

除教学之外，布什的真正兴趣当然还是在研究上面。他开始琢磨起当时在技术上属于尖端的问题：电力网输送的优化问题。当时电力在美国已经日益成为生活和生产的必需品，供电系统在迅速扩大，但也有一些令人烦恼的技术困难，如绝缘问题、电力波动问题、闪电等外界因素造成的损害问题等，都使整个电力系统经常处于不稳定状态。西屋和通用电气等美国大型电力公司的工程师们日夜都在钻研着解决的办法。布什在这个问题上采取了另辟蹊径的做法，他试图用机械计算机来辅助设计复杂而稳定的电力系统。在解决这个问题的过程中，布什得到了一个重要的副产品，那就是由他改进的一种早期的模拟计算机——微分分析仪。这个仪器后来在科学研究、工业设计和军事装备等方面都派上了大用场，布什也因此被一些人称为美国计算机研究事业的先驱。

布什在麻省理工学院的头 10 年，也是麻省理工学院历史上比较混乱和沉闷的时期，主要是因为学校缺乏坚强、有活力的领导所致。但对布什而言，这 10 年却是成果丰硕的时期，一方面是他个人家庭生活基本没有受到太大的冲击，因为他有稳固的学校职位和数家公司的股份，所以经济上无多少后顾之忧；另一方面是他在工作上卓有成效。因此这个时期反而成为他一生当中的第一个巅峰时期，他培养出了许多有才华的学生，完成了一些有价值的研究项目，参与经营的几家公司都不同程度地获得了成功。这一时期添丁加口的家庭生活也使布什感到美满幸福，在麻省理工学院的薪水从1919年的每年3000美元，涨到了1929年的每年7000美元等。可以说，布什到此时已经在知识、地位和财富方面达到了令人心满意足的高度，如果不是接下来发生的事情的话，可能我们看到的就是一个小富即安，而不是后来活跃在美国当代历史舞台上的布什了。这就是卡尔·康普顿的到来。

1930年来自普林斯顿的物理学家卡尔·康普顿来到麻省理工学院担任校长，他是1927年诺贝尔物理学奖获得者阿瑟·康普顿的哥哥，习惯上大家称他为名字的缩写K. T. 。卡尔·康普顿到任后立刻就开始着手改变麻省理工学院原来杂乱无章的状况，在许多改革措施中，有一条是鼓励教授在校内做研究，而对他们在校外的兼职工作做了严厉限制。这一条惹恼了布什，他第一次面见康普顿，就是为了抗议这条规矩。结果一向倔强的布什这次服从了新校长的意愿，但他是心甘情愿服从的，并且对康普顿留下了极为美好的印象，后来给予了他极高的评价，他说新校长：

> 在我所见到过的人中，是最让人喜欢的一个。麻省理工学院所有的人在所有的事情上都那么忠心于他，所以他做什么都没有人反对。他很有见识、悟性、理性、辨别能力，很和气，不是个得意忘形、自高自大、自私自利的人……任何人只要能够避免，就不会去伤害他。

康普顿对布什也很欣赏，他首先提高了布什的薪金，达到了每年 10000 美元，这在美国大萧条时期是非常高的报酬。紧接着，于 1932 年初，又任命布什担任了麻省理工学院的副校长，同时兼任当时学校 5 个学院之一的工程学院的院长，并且成为校董会的成员。由此，在麻省理工学院形成了一个康普顿－布什为核心的领导体系，迎来学校发展历史上的一个黄金时期，也把布什推到了全美国更广阔的科技活动舞台。

布什愈来愈成为一个精明强干的科学家、工程师和管理者。由于杰出成就，他此时已被选为美国国家科学院的院士。20 世纪 30 年代初，为了从大萧条的创伤中尽快恢复，总统罗斯福实行新政，倡导政府积极干预经济活动，而不再完全放任其自由发展。他号召科技人员也要积极参与国家的复兴，为此他任命卡尔·康普顿担任了一个新成立的科学顾问委员会的主任。卡尔·康普顿认为联邦政府应该成为科学的主要资助和主办者，而不是听由像卡内基、洛克菲勒基金会这样的私人基金来支配国家的基础科学研究方向。布什积极支持卡尔·康普顿的观点，同时也参与了更多的所谓“政府科学”的活动。在科学研究方面，除前面提到的关于电力传输系统的优化和稳定性问题的研究外，布什还涉及一些基础科学方面的研究，例如他曾对荷质比与速度的关系作过非相对论的解释，提出了电子电荷随速度而改变的假说，并认为当电荷之间的相对速度等于光速时，它们之间的作用力将变为零。但是，他并没有引证实验事实来支持这种假说。但这项研究奠定了布什不但在工程技术、应用科学方面的发言权，也证明了他在纯科学研究方面的实力。

1939年，布什被华盛顿的卡内基研究院聘为院长，从此离开麻省理工学院。之后他亦被任命为国家航空咨询委员会的主席，这使他开始涉足国家层面的军事研究决策领域。这个时期，在华盛顿也形成了一个对美国政府、国会和军方决策有重大影响的科学家圈子，其核心成员除布什本人外，还有他的老朋友麻省理工学院校长卡尔·康普顿、哈佛大学校长科南特和美国电话电报公司贝尔实验室主任（后担任美国国家科学院院长）朱厄特等人。当他们聚在一起时，布什后来回忆道：

> 就是大家一块儿深刻地分享着一件东西——担忧！

因为战争的乌云正在世界上空密布，而就在这一年，德国人发现了原子核的裂变现象。

三、贯彻新观念：科技研究的结果决定着战争的胜负

第一次世界大战爆发时，布什还是一个大学生，虽然他后来主动参与了一些战争技术的研究，但基本上属于一个旁观者。难能可贵的是他敏锐地预感到科学技术在现代战争中的重要作用。第二次世界大战爆发时，对布什而言，情况就完全不同了，这时候的布什已经是美国科学技术界、工业界甚至是政界都闻名遐迩的人物。由于对第一次世界大战中惨烈景象记忆犹新，第二次世界大战在欧洲爆发后，美国国内有许多人强烈主张美国应该置身事外，对欧洲的战争作壁上观。但布什基于自己对法西斯侵略者本质的认识，相信

美国迟早会卷入战斗，而令人可怕的是美国却“没有做好准备”。之所以如此，是因为美国的军方和政界人士并没有认识到，战争的形式已经改变，已不是军方和政界人士们凭着传统观念所能完全了解的东西了，面对全新的现代化技术性战争，纯粹的军方人员已经没有足够的能力来应对，所以国家安全的内涵必须做出相应的改变，这就是必须吸收和动员科技与工业等各方面的专业人士在政府的高层次上参与工作，否则就形成不了真正强大的军事力量，从而也不会给国家带来真正的和平。

布什的这个想法主要是针对美国军方长期以来在军事技术装备研究等方面的封闭传统有感而发的。美国的军事技术研究领域历来是军方的自留地，非军方研究机构很难置喙其中。在战争技术还比较简陋的过去，其后果还不甚显著，但在现代战争的条件下，一方面，军方人员视野狭隘、观念陈旧，却掌握了绝大部分研究的资源；另一方面，民间研究机构蕴藏着极大的人才资源却无从发挥，致使国家的军事力量无法得到更大的加强以适应新形式战争的弊病就暴露无遗。基于这种认识，从 1940 年开始，布什积极活动，寻求建立一个新的，不仅仅担负咨询使命而且能领导和协调民间研究机构参与到军事技术的研究中，并能在某种程度上代表官方资助民间研究机构的机构。为此，他通过在政府中的朋友向美国总统罗斯福提交了一份只有一页纸四段话的备忘录，在里面他把自己心目中的机构命名为“国防研究委员会”。1940 年 6 月，罗斯福总统会见了布什，他们只谈了一刻钟，罗斯福就批准了布什的计划。两天后，总统在一次记者招待会上宣布任命布什担任新成立的国防研究委员会主席。

国防研究委员会的成员有代表大学研究力量的卡尔·康普顿、科南特和托尔曼（来自加州理工学院的物理化学家），有代表工业实验室研究力量的朱厄特，还有代表政府部门和军方的几名官员。罗斯福总统把国防研究委员会的目标定为补充而不是代替军方自身的研究，而布什则把其工作方式定为与大学研究机构和工业实验室签定研究协议而不是组建这种机构。另外，在国防研究委员会的组织机制上，布什根据总的目标成立了 5 个分支机构，即装甲与军械、化学与爆炸装置、通信与交通、仪器与控制、专利与发明。他还授权各分支的领导人可以根据需要随时组建次级的专门小组来解决具体军事问题及推动研究活动的持续开展。这种机动灵活、兼收并蓄的组织方式，后来被证明行之有效。

此时，美国尚未正式参战，但荷兰、卢森堡、比利时和法国相继陷入德国纳粹之手，英法军队在敦刻尔克的大撤退，这些血的教训使美国大多数人开始认识到纳粹的可怕和战争阴影的逼近。虽然仍有人反对介入战争，但支持反纳粹战斗并加强自身的战备却也到了人人都能意识到的程度。美国国会通过了“租借法案”，开始公开从道义和物质方面给予英、法等国以支援。美国军方强调备战的数量，布什则强调备战的质量——研究，并且是一种能动员一切智力资源的、军民结合式的研究。国防研究委员会的成立是他贯彻自己新的战争理念的第一步。

国防研究委员会的经费来自总统的应急基金，在其成立的第一年，获得了 650 万美元的支持。布什用这笔钱采取委托协议的方式，在一年内动员和资助了上千名科学家参与军事研究工作，与 32 个大学研究机构、19 个工业实验室签订了 126 份研究合同。“用合同来参与”军方的研究，不是布什的首创，但如此大规模动员民间科技力量为战争服务，则是他的功劳。这里面有许多具体的管理问题，例如项目和人员的遴选、保密、知识产权的归属、军方与民间科技机构的关系，等等。布什运筹于帷幄，组织各方面的力量和资源，成功地完成了这个复杂的操作。

虽然罗斯福总统为竞选连任，曾誓言美国绝不参与这场战争。但随着欧洲战事的进一步发展，以及日本军国主义在亚洲的扩张，布什愈来愈认识到美国卷入战争的不可避免性和加强战备的迫切性，同时深感国防研究委员会经费来源的不稳定性——因为总统应急基金实际上是以总统的个人意志为转移的，总统会随时根据自己的政治需要而对其加以取舍。所以，必须寻求法定的经费来源以维持研究的稳定和持续。此外，国防研究委员会组织的活动中也没有包含任何医疗方面的研究内容，还有就是研究的结果往往停留在实验室阶段，很难制成产品投入实际应用。这些情况的发生，源于国防研究委员会本质上还是扮演着一个咨询顾问的角色，虽然它有权签订许多研究合同。这使得布什深感有必要对国防研究委员会加以扩充或改造使其成为涵盖面更广、实用性更强的执行机构。为此，布什收敛了自己一贯急躁的坏脾气，一次又一次地向政府、国会和军方进行游说，甚至通过新闻媒体来宣扬自己的观点。但由于军方的反对，布什的努力收效甚微，直至 1941 年 12 月 7 日美国历史上的那个黑色星期天。

日本偷袭珍珠港事件促使美国下定决心对德意日法西斯轴心国正式宣战，而布什的构想也在此时得以实现。美国国会批准成立了布什一直在主张的实体性机构——科技研究与发展局，作为应对反法西斯战争的重要措施之一，科技研究与发展局的经费纳入国会的战争预算。布什从此终于获得了大展才华的舞台。

检阅科技研究与发展局的成就清单，首先的就是雷达技术的应用。最早发明初级雷达技术的是英国物理学家，但很不成熟。然后他们把这个技术雏形带到了美国，那还是在国防研究委员会时期。布什立即意识到了这项发明的巨大军事价值，就与康普顿商议在麻省理工学院建立了辐射实验室，选派 39 岁的物理学家李·杜布里奇来领导，并与之签订合同，拨出巨款加以扶持。到科技研究与发展局时期，更是给予最大的支持，使这个麻省理工学院新建立的实验室最终成为赫赫有名的研究机构，其研制出的一代又一代新式雷达，在战争中发挥出无比的"知彼"威力。该实验室刚开始时仅有十几名工作人员，到战争结束时已接近 4000 名，总经费预算超过 15 亿美元！

在研究管理方面，布什提倡的寓军于民、合同参与的方式发挥了灵活高效的神奇作用。科技研究与发展局在战争期间动员了超过 6000 名科学家参与研究工作，其中包括占全国总数 75% 的物理学家和 50% 的化学家。类似于辐射实验室那样得到科技研究与发展局强大支持的研究机构，还有设在加州理工学院的火箭实验室和设在霍普金斯大学的爆炸引信实验室等。对于 1943 年以前的大部分美国物理学家，以及在这之后没有参与曼哈顿计划的物理学家而言，

“物理学研究”甚至就意味着在这三家实验室里工作。这三大实验室在战争期间总经费也远超20亿美元，与曼哈顿计划所花费的经费相当。

虽然科技研究与发展局的年经费预算到1942年已经突破了上亿美元，但布什依然觉得钱不够用，为能够把钱用在刀刃上，他为科技研究与发展局制定了一个所谓“不计报酬—不计损失原则”，即不从科技研究与发展局的合同项目资金中领取报酬。他本人以身作则，虽然担任着科技研究与发展局最高领导人的职务，但自始至终只在卡内基研究院领薪，没有拿过科技研究与发展局一分钱。在反法西斯战争同仇敌忾的气氛中，也在布什个人魅力的感召下，各合同项目实验室（大约有300多个）的科学家们不计名利，忘我工作。加州理工学院的化学家鲍林对此有生动的描述：

> 这里的实验室已经失去了往日的悠闲。我们有数不清的战争研究项目，每个人都全力以赴。

努力工作带来了丰硕的成果：反潜雷达、防空雷达、机载雷达、高炮瞄准雷达、无线电引信炮弹、固体火箭等。这些成果在战场上取得了巨大成功，以至于有一些后来参与了曼哈顿计划的物理学家也认为：

> 原子弹仅仅是结束了战争，而雷达赢得了战争！

其实早在1939年初，布什就注意到了发现核裂变的物理学新进展，但他没有加入核裂变所引起的科学界和公众的狂热，因为他认为比起其他紧迫的研究项目来，原子武器还是很遥远的事情。同年9月，由于西拉德和维格纳说服爱因斯坦给罗斯福总统写信，导致总统批准国家标准局建立了一个协调裂变爆炸研究的机构——铀委员会。但这个委员会对研制原子弹的问题反应迟钝，将近半年的时间里——到1940年春，拨给这项研究的总经费不过区区6000美元，这种情况引起科学界的强烈批评。自1940年6月起，原子弹研制项目移交布什领导的国防研究委员会负责。但在此后的一年中，由于布什对这个项目也不热心，在具体研究的决策方面仍无多大起色。可能是出于对德国人拥有原子武器的担忧，也可能是与核物理学家劳伦斯谈话的结果，布什从1941年夏天起，突然转变了原来对原子弹研制不热心的态度，开始积极推进这个项目的开展。1941年10月，布什到白宫向罗斯福总统汇报原子弹研制问题，对这次会见，原子弹计划的官方记录里这样写道：

> 布什这时不是有权制造原子弹，而是有权弄清楚是否能够制造原子弹，以及需要多大的代价。在调查清楚并做出了制造原子弹计划之后，布什才能够放手去做。

布什与总统同意成立一个新的独立机构来管理原子弹研制项目，一般认为，这就是曼哈顿计划的正式开始。后来他又向陆军建议任命一名高级军官来具体负责这个机构，这名军官即后来闻名于世的格罗夫斯将军——当时他还是一名上校——于 1942 年 9 月前来报到，在此之前，原子弹的前期研制工作一直是由布什实际负责的。而在此之后，布什亦关心和参与了曼哈顿计划的许多决策工作，包括最后的对日本使用原子弹的轰炸行动。

在科技研究与发展局工作的 5 年中，因为高度保密的原因，布什实际上默默无闻地为战争技术做了大量工作，随着战争即将胜利，布什的贡献逐渐为社会公众所了解并迅速达到了他个人社会声望的顶峰。曾担任过贝尔实验室主任、后来成为美国国家科学院院长的老朋友朱厄特把布什所创建的科技研究与发展局称为“世界上从来没有过的最伟大的工业研究机构”。新闻媒体更是盛赞他在“结束战争中的重要作用和功劳”，甚至好莱坞也来凑热闹地拍了一部关于他的电影。但布什本人对科技研究与发展局的最后工作，就是想尽办法解散这个机构。因为他相信在和平时期，推进国家科学研究的工作应该由另外的更合适的机构来担任。

四、无止境的前沿：对战后科学发展的思考

截止到第二次世界大战之前，美国历史上从来不曾以立法的形式从国家层面直接支持科学研究，虽然许多政府部门对科学研究的资助从来就没有间断过，只不过这种资助是以提供资助的政府部门对某些具体、特定问题的兴趣为转移的。这与美国的实用主义文化传统密不可分。然而，第二次世界大战成为这种观念的转折点，它开始使美国人普遍认识到，即使是基础科学研究其实也能产生巨大的实用价值，所以对基础科学研究的重视，从美国的实用主义文化

观念来看，也就是顺理成章的事情。

在这种背景下，当第二次世界大战盟军的胜利已成定局时，罗斯福总统于 1944 年 11 月给布什写了一封信，要求他就如何把战时取得的经验和教训运用到未来的和平时期提出意见。他写道：

> 亲爱的布什先生，你任主任的科技研究与发展局在协调科学研究和应用现有的科学知识解决战争中最重要的技术问题的过程中进行了独特的有关协同合作研究的试验。尽管科技研究与发展局的工作是在没有任何公众知道的情况下极秘密地进行着，但是，它的实际效果能从来自全世界作战前线的公报中看出来。总有一天，成功的全部真相能被公开。
>
> 无论如何，在这一试验中发现的经验不能有效地应用于和平时期的理由是不存在的。由于科技研究与发展局以及大学和私人工业中数以千计的科学家开发出来的资料、技术和研究经验在未来的和平时期应当被用来增进国民的健康、创办新企业以增加新的就业机会，提高国民的生活水平。

布什就罗斯福总统的要求和信中所提出的四个包括如何将军事研究的结果转为民用、如何利用科学与疾病作斗争、如何组织和帮助公立和私人机构的研究活动、如何选拔和培养年轻科学人才等具体的问题，组织了四个专门的委员会，即医学顾问委员会、科学与公共福利委员会、发现和培养科学人才委员会和科学情报出版委员会等对上述问题予以彻底的研究，并在1945年7月5日提交了研究报告，但此时罗斯福总统已经逝世，所以报告是提交给继任的杜鲁门总统。

该报告共分两大组成部分：正文和附录。其中正文主要由布什起草，分为总论、向疾病作斗争、科学与公共福利、更新科学人才等六个部分；附录则是四个专门委员会提交的四份研究报告。

作为科技政策的经典文献，布什报告的第一个突出特点就是从理论和实践两个方面对基础科学研究在科学进步中的作用加以全面肯定和强调。报告用大量的事实和证据证明：为了向疾病作斗争、为了国家的安全、为了公共的福利，就必须依赖科学的进步，而科学的进步——即新知识的获得，只有通过基础科学研究。报告指出：

> 今天，基础研究是技术进步的先行官，这一点比以往任何时候都更确实。19世纪，美国人在机械方面的独创性大大发展了工艺技术，这种独创性主要建立在欧洲科学家的基础科学发现之上。现在的情况不一样了。
>
> 一个在新基础科学知识上依赖于其他国家的国家，它的工业进步将是缓慢的，它在世界贸易中的竞争地位将是虚弱的，不管它的机械技艺多么高明。

报告的第二个突出特点，就是明确地指出了科学是政府应当关心的事情，而这是过去过于信奉自由主义的美国的弊端。报告中写道：

> 我们没有国家的科学政策。政府仅仅开始在国家的福利事业中利用科学。政府内部没有负责系统地提出或执行国家科学政策的实体。国会里也没有致力于这一重要课题的常设委员会。科学已经站在舞台的边缘上，它应该被推到舞台的中心——因为科学是我们未来的许多希望之所在。

报告中认为政府对科学所应该承担的责任主要分为三个方面：制定政策以明确总方向和目标、提供支持基础研究的经费、协调各研究主体间的关系。

另外，在科学与国家安全、科学与公共福利、军事研究的解秘和转为民用、人才培养、基础研究和工业研究的关系、科技情报的国际交流等许多政策的重要方面，报告里都详加论述。但我们要提到的报告的第三个突出特点，就是它不是光空泛地议论，而是将这些政策目标都落实到一项行动方案——建立国家科学基金会的建议中去了。

布什在报告中详细地论证了成立国家科学基金会的必要性和可行性，甚至拟订了基金会从经费来源、办事原则到组织结构和人员组成等各种细节问题的规定条款。从中可以体会出布什的良苦用心，就是在国家尽最大可能的力量支持科学研究的同时，不能以损害科学家的独立地位为代价。因为布什一贯认为“不戴枷锁”的科学家才能自由地思考并创造出新的知识。所有现成机构都无法做到这一点，只有建立国家科学基金会才是实现这一设想的最佳途径。

当布什报告公开发布之后，立即得到了社会各界积极的反响和广泛的称赞。但他所建议的支持基础科学研究的计划并不是一帆风顺，在国会审议这个计划的时候，有的议员批评这个计划缺乏根据，并用布什报告中的科研拨款计划大做文章，因为根据布什的建议，对科学基金会第一年应拨款 3350 万美元，以后逐年增加，到第 5 年增加到 12250 万美元。有人据此给布什报告起了个别名：“科学——没有止境的开支”。但布什报告得到了美国科学界的热烈欢迎，各地的科学家组织了一个全国性的机构——“支持布什报告委员会”，其成员包括多名诺贝尔奖获得者在内的众多美国著名科学家。在报告提交国会成为正式议案后，美国各地的大学和研究机构的科学家们仍组织了多种声援集会，并发起给国会写支持信的活动。

这种努力持续到 5 年后的 1959 年 5 月，美国国会才最终通过了“1950 年国家科学基金会法案”，布什的设想得到了实现，而此时的布什本人却已经离开了华盛顿决策圈，成了一名可有可无的顾问。

五、能思想的机器：计算机与数字图书馆

在第二次世界大战中，布什曾启用自己 10 多年前在麻省理工学院时发明的模拟式计算机——大型微分分析仪来帮助计算炮弹弹道，

并通过弹道实验室强力地资助了美国最早的数字式计算机的研究，这在客观上催生了计算机时代的来临。

关于谁是第一台数字化电子计算器的发明者问题，在美国计算机界纷争了多年。相当一部分人认定由莫奇利和埃克特 1943 年在弹道实验室完成的“埃尼亚克”计算机是世界上第一台电子数字计算器，但也有不少人认为当年在爱荷华大学执教的阿塔纳索夫和贝利发明的 ABC 计算器，才是真正的数字计算机的“鼻祖”。为此，1973 年 10 月，好诉讼的美国人在明尼苏达州的一家地方法院，经过多达 135 次开庭审理后，当众宣判了这桩有关计算机发明权的知识产权案，判决书最后认定莫奇利和埃克特没有发明第一台计算器，只是利用了阿塔纳索夫发明中的构思。

用法律判决来还原“电子计算机之父”本来面目真可谓是美国人的一大发明！但判决书并不能代替历史事实。综合种种历史客观证据，可以这么说，阿塔纳索夫的 ABC 模型机正好处于模拟计算与数字计算的门槛上，从 ABC 计算器开始，人类的计算才从仿真向数字挺进，而“埃尼亚克”则标志着计算器正式进入了数字时代。这两个机器的产生过程中都有布什的身影存在，前者在于思想启发方面，后者则在强大的经济资助方面。

当年布什在麻省理工学院任教时期研制计算机的初衷，如前文所述，也是为了求解与传输电路有关的微分方程。那时为了求出一个方程的解，演算工作量大得惊人，常常或冥思苦想好几个月，或浪费掉几百张草稿纸也仍然得不出答案。有一天他突然感觉到，与其再想下去，不如制作一台模拟计算装置帮助求解更合算。于是 1928 年—1931 年，布什带领一批年轻工程师在麻省理工学院完成了一台“大型”计算机器。说它是“大型机”并不为过，因为这台机器自重就超过了 100 吨，装备着数百根平行的钢轴，需要用一系列电动机驱动。仅机器内部的电线，若首尾排列起来就长达 200 英里。一个参观过微分分析仪的人曾挖苦说，布什必须“一手拿扳手，一手拿改锥”才能操作机器进行计算，但当时它却让麻省理工学院的科学家们兴奋不已，因为他们从此有了求解数学难题的有力武器。

当然，直接启发了阿塔纳索夫最初灵感的布什所发明的微分分析仪，只是一种模拟式计算机。所谓模拟，指的是它利用齿轮转动的角度来模拟计算结果，与莱布尼茨乘法器的原理类似，它还不是真正意义上的数字计算机。布什发明的这种机器当时至少被人仿造出 5 台，在二战中曾帮助英国计算德军 V-2 导弹的弹道表，战功卓著。现今在麻省理工学院和伦敦博物馆里，还各收藏着一台不太完整的这种机器，但都已不能正常运转了。

布什在战争即将结束的 1945 年 7 月，在美国极有影响力的杂志《大西洋月刊》上发表了一篇题为《似乎我们可以思维》的论文，题目中的“我们可以思维”实际上指的是“我们可以用机器来思维”。文中他整理和阐述了自己多年来关于使用微缩胶片、声音等多媒体方式存储和处理信息资料，达到帮助人类思维目的的思想。该杂志的编者当时在给布什的论文所加的编者按中写道：

> 作为科技研究与发展局的主任，布什博士曾协调了超

过 6000 名的美国顶尖科学家们把科学应用到战争事务的活动，在这篇具有重大意义的论文中，他又激励科学家们投入战后的新知识领域。多年来大量的发明创造极大地扩展了人类的物质能力，远超过对心智能力的提升。榔头胜过拳头，显微镜锐利了眼睛，工具如今就在手上，如果加以妥善发展，将给人类铺就利用各时代知识遗产的通途。布什博士通过本文呼唤思考着的人类与我们知识总积累间的一种新型联系。

布什在文中指出，第二次世界大战中，科学情报在大规模军事研究和开发工作中起到了功不可没的作用，在战后的科学研究和发展中肯定仍有不可轻视的重要意义。文中他还首次提出将传统的图书馆馆藏文献的储存查找机制与计算机结合起来，构思并描述了他所设想的一种称为 Memex（有人译作“记忆扩展机”，也有人译作“超文本存储器”，本文从后者）的设备，其本质是机械化的个人文档与图书馆，即台式个人文献工作系统，能存贮书、记录和通信的综合装置。美国的泰德·纳尔逊在 20 世纪 60 年代正式提出超文本的概念。进入 20 世纪 90 年代，随着多媒体技术与互联网络技术的发展，超文本的应用更加广泛，信息组织与管理的超文本化成为信息传递的基本形式。

今天，随着计算机技术、通信技术、高密度存贮技术和多媒体技术的飞速发展，原有各种物理载体所存储和传输的信息，正在逐步数字化，大有电子图书取代纸介质的书、数字图书馆取代传统图书馆的趋势。而数字化图书馆的构想就始于布什在这篇论文中所论述的思想，这使他成为人们公认的这一领域的预言者和先驱。

六、科学并非万能：对科学与人生的理解

1955 年底，布什从华盛顿的卡内基研究院院长的职位上退休，回到马萨诸塞州老家，除担任几家私营公司的顾问外，不再担任任何公职。晚年的布什，依然精力旺盛，还保持着对技术发明的嗜好，他尝试过设计一种新型的汽车发动机、一种军用的水翼船和一种用于治疗心脏病的小型活瓣，并希望将之推向市场，但都没有成功。当然他现在有了更多的时间来对科学技术的方方面面进行深入的反思。年轻的时候，他寻求工程师般的脚踏实地做事情，信奉美国式的实用主义文化观念，对科学技术有一种神圣的感情，把它看得高于一切。后来作为一名高级的科学管理人员，也把科学技术看作是解决一切问题的灵丹妙药。现在，抛开一切利害关系而平心静气地反思这些问题时，他发现科学技术并不是世界的全部，并开始赞扬起另一种文化——和应用完全没有关系的文化。其结果就是于 1965 年出版的以《仅有科学是不够的——对现状和未来的反思》为题的论文集，包括了布什 20 世纪五六十年代陆续发表的 10 篇论文，记录了他对科学与价值、人生、文化、艺术等诸多问题的思考结果。

布什在谈到科学从原子弹的成功而树立起其绝对的权威，使一般公众都把科学家看成是超人，把科学看成是无所不能的东西时，

不无忧虑地写道：

> 目前有关科学威力的谈论已经很多了，这些说法当然也都有其道理，所谓“科学万能”是也。但是科学的能力其实是有限的，这一点却鲜见有人提及。对于一枚硬币的两个面，应该都予以公正地加以考察才对。

布什认为科学的局限在于对人类自身存在的目的、价值，以及人的自由意志和人的信仰方面，在这些问题上，科学应该三缄其口。虽然科学有一定的局限性，他认为这并无损于科学的伟大，因为它以这样一种方式提醒人类：我们在宇宙的知识方面依然十分愚蠢，需要了解的事情仍然是没有止境的。对人类社会而言，除科学之外，还有许多值得追求的价值观，例如和平、公正、平等、仁慈和责任等。布什认为，由于科学已经成为文化的一个重要组成部分，所以作为一个现代人，首先必须对科学要有所了解，至少要对它的基本原理有所了解，否则将在文化素养上落后于时代。但单纯只懂科学也不够，在文化素养上也是有缺损的，因为“在这堵围墙以外，他将一无所见”，所以必须在做人的其他方面加以修养。这样，作为一个个人，其生活才会丰富多彩；作为一个社会，人们才能和谐共处，消除贫困，走向繁荣富强。

总之，布什在走向自己生命的尽头之前，反而更多地想到了人生的意义和价值，他出版了断断续续写成的回忆录，作为一个将一生献给科学的人，他觉得科学是有价值的，但不是全部意义和价值。他也想到了科学本身的创造过程，就像建造一座大厦，需要不计其数的一代又一代有名或无名的建造者，不断地对其进行规划、施工和建造，使其日渐高耸，却永无止境。

1974 年 6 月 30 日，这位美国现代科学研究事业大厦的建筑工程师、科技政策之父与世长辞，享年 84 岁。

（作者：王大明）

西拉德

核和平之父

利奥·西拉德

（Leo Szilard，1898—1964）

在1960年美国著名的《哈珀斯杂志》上，原子弹社会史专家艾利斯·史密斯讲了这样一件趣事：在一个大学教授参加的聚会上，有人要求来客们写下他认为在近代历史上起了特殊作用的人物，要求所选人物是在他的时代中起了任何人都不能替代的作用。根据得票的多少选出的前五个人依次是林肯、甘地、希特勒、丘吉尔和利奥·西拉德。本文所要介绍的就是其中的第五位人物，即利奥·西拉德的生平和成就。

一、出身与早年岁月

利奥·西拉德于1898年出生在匈牙利布达佩斯的一个犹太家庭。他父亲是位建筑师。他的童年极其平淡，10岁以前，一直是一个瘦弱多病的孩子，在家中由母亲给予家庭教育。10岁那年他被送入公立学校就读，一直到18岁。在学校里，他并不十分用功，但总能轻而易举得到好成绩，再加上坦率、诚恳，对许多问题常常发表独到的见解，使他成为一名受到老师和同学们格外喜爱的学生。

西拉德一生很少谈到他的童年。本文只能根据有限的资料，提及影响西拉德世界观形成的一点线索。

西拉德的母亲非常喜欢讲故事，在这些故事中常常隐含着一种鲜明的真理。西拉德曾说：

> 许多人并不了解自己的一套价值观是来自何处，而我的价值观来源却很清楚，这就是我母亲常常给我讲的那些故事。我对真理的爱全都来源于这些故事，我乐于为“拯救世界”做些事情也来源于此。

在这些故事中，有一个故事讲西拉德的外祖父。1848 年匈牙利革命时，西拉德的外祖父还是一名中学生。作为班长，他每天要向老师汇报违反纪律学生的名字。有一天正好军队从校外经过，学生们违反规定跑出去欢迎士兵们去了。在当天的报告中，西拉德的外祖父报告了跑到校外的学生名单，其中也有他自己的名字。老师由于他的坦诚而十分高兴，结果谁都没有受到惩罚。这样一个小故事由于西拉德的母亲反复讲给年幼的西拉德听，使他产生了深刻印象，以致在他 62 岁时还能完整把这个故事复述出来。

匈牙利剧作家、诗人马达奇 1862 年创作的诗剧《人的悲剧》对西拉德也产生了深刻影响。此剧取材于《圣经·创世记》。西拉德读该诗剧时年仅 10 岁，但它已经给西拉德留下了深刻印象。1945 年他谈到该诗剧时说：

> 这个诗剧的思想是告诉人们，在你做出悲剧性预言时，仍要抱有一线希望。

“一线希望”——这正是西拉德一生奋斗信心的源泉。

20世纪初的匈牙利，尤其是其首都布达佩斯，有着浓厚的崇尚知识与科学的社会风气，这种风气对于促使西拉德跨入科学殿堂产生很大影响。这种风气也曾促使大批匈牙利青年学生到欧洲科学发达国家求学，最后成为国际知名学者。除本文介绍的西拉德之外，比较知名的还有物理学家维格纳、冯·卡门、泰勒、加博尔，数学家冯·诺依曼以及著名学者波兰尼等。在西拉德的学术生涯中，这批学者都与他有着很密切的联系（在一篇为维格纳庆寿的文章中，该作者的第一句话就是：“世界上有一批天才，他们自称是匈牙利人，其实他们是‘火星人’。”）。

正是在这样一种背景下，西拉德在学校里就表现出对科学的兴趣，尤其喜欢物理学和数学。13岁那年，他为得到了几件物理实验仪器而欣喜若狂。然而，到了18岁那年，他却没能如愿到大学里学物理或与物理接近的化学，这是因为当时物理学家不容易在匈牙利找到合适的工作。在亲属和朋友的劝说下，他进了一所技术学院学习电机工程。

1917年，19岁的西拉德被征兵加入奥匈帝国军队，以军官身份服役。直到1918年11月，第一次世界大战结束，他其实没有直接参加过战斗。1919年夏，他返回技术学院，几个月之后，他就来到了德国柏林。在这里，西拉德开始了他作为科学家的人生历程。

二、博士论文和关于信息论的预言

西拉德到柏林后，一开始学的仍然是电机工程，并被认为是在电机工程方面最有出息的学生。此时，柏林的物理学界十分活跃，这对西拉德产生了极大的吸引力。那时爱因斯坦、普朗克、冯·劳厄、能斯特和弗兰克等物理大家都在柏林，并经常举行物理学家的定期聚会。西拉德很快就成为这种定期聚会的热心听众。另外，他的匈牙利同胞加博尔、维格纳也在柏林大学读物理，这使西拉德更多地了解了物理学的现状和辉煌远景。促使西拉德下决心改学物理的原因或许还有爱因斯坦的鼓励。西拉德曾"以他特有的直率向爱因斯坦作了自我介绍"。一方面由于他的真诚、直率，另一方面由于他的犹太血统，爱因斯坦对他产生了很好的印象，他们建立了亦师亦友的终生友谊。

西拉德转入柏林大学以后参加了爱因斯坦主持的统计物理研讨班。这个研讨班是由西拉德促成的。加博尔、维格纳和西拉德的其他几个朋友都是这个研讨班的成员。爱因斯坦以他那物理学大师特有的见解和智慧给了他们不少启发和帮助。许多年后维格纳回忆说：

> 研讨班对于大多数参加者来说都是一种独一无二的经历。我相信，它也给西拉德的博士论文以不少的灵感。

西拉德的博士论文导师名义上是冯·劳厄。所谓"名义上"是指西拉德完成的论文与冯·劳厄交给西拉德的题目毫不相干，西拉德花了6个月的时间来解决冯·劳厄交给他的有关相对论问题，结果一无所获。这迫使他不得不放弃劳厄的命题文章，开始思考用热力学理论来推导涨落现象的问题。实际上，他是从 1921 年圣诞节开始考虑并着手做起，但只用了 3 周时间就完成了。1922 年西拉德获得博士学位，博士论文题目就是《唯象热力学在涨落现象上的推广》。涨落现象是德国经典物理学大师玻尔兹曼最早提出的，并用统计物理学的方法进行了计算和解释。而西拉德则只用热力学第二定律这一纯宏观唯象的理论定则，一点也没有使用原子概念就推导出涨落现象的存在性，这引起了爱因斯坦和冯·劳厄的极大震惊。令西拉德高兴的是，劳厄在吃惊之后第二天就打电话告诉西拉德：

你的稿子已经被接受作为你的博士学位论文。

这个时期是西拉德一生中最富有创造性的阶段。6 个月以后，西拉德又在这一领域完成了另一篇论文《精灵的干预使热力学系统的熵减少》。该文“在热力学发展史上占有重要地位，因为它第一次令人信服地说明了麦克斯韦妖的本质。同时，这篇文章也在信息论发展史上占有重要地位，它不但预言了信息论，还揭示了信息论这一学科的出现是历史的必然。”

三、20 世纪的爱迪生

“我们现在应该把他看作 20 世纪的爱迪生。”这是西拉德的老朋友加博尔在评论西拉德的技术发明时讲过的话。打开《西拉德科学论文集》后，令人感到吃惊的是，该书中大量介绍了西拉德为自己的技术发明所申请的专利。从这些文献中我们又看到了作为发明家的西拉德。

按照维格纳的说法，西拉德花大量的时间从事技术是因为：

西拉德觉得他并不很精通理论物理。他觉得自己在数学运算技巧方面无法和同事们竞争。

芝加哥著名专利律师塔宾的说法比较中肯：

西拉德的独立性格使他非常适合于扮演一个发明家的角色。他的好奇心、丰富的思想是由于他受到的工程和物理学双重训练而形成的。

据西拉德回顾，在他毕业时，爱因斯坦曾问他：

你为什么不到专利局找份工作干呢？这对你会是最好的，做一个别人等着你下金蛋的科学家并不是一件好事情。我在专利局工作的那些时间是我一生中最好的日子。

西拉德没有到专利局，而是来到了威廉皇帝科学研究所，一年以后他又当上了柏林大学无公薪讲师。从此以后，在大约 10 年的时间内，西拉德同时在两处供职。尽管西拉德没有去专利局工作，但他除受冯·劳厄影响而与马克合作进行了 X 射线晶体学研究以外，把大部分精力都用在了一些具有商业价值的应用研究方面。

在其学术生涯中，西拉德不但是科学家，也一直扮演了发明家角色。但相对来说，他在 1923 年—1931 年间的发明更加具有商业意义。在此期间，他的一些思想甚至影响到了德国某些大公司的决策。限于篇幅，此处只简单介绍两个案例，即家用冰箱和粒子加速器的设计。

在柏林期间，西拉德经常去拜望爱因斯坦，并就他关于技术发明方面的新想法征求爱因斯坦的意见。当他谈到家用冰箱的设想时，引起了爱因斯坦的极大兴趣，这导致了 1927 年—1930 年间他们俩在这方面的合作，结果在家用冰箱和与之有关的液体金属泵方面他们获得了 5 项专利。当时，德国通用电气公司根据他们的思想制造了一台无声家用冰箱，后来因为成本太高，没有进行商业生产，但是由此发展起来的液体金属泵却在 20 年后，在增殖反应堆的研究中起了重要作用。

1928 年，西拉德开始考虑原子物理问题。他认识到“原子蜕变要求粒子具有更高的能量”，于是他“开始考虑如何将粒子增加到较高的速度”。有了这个基本思路，西拉德很快就提出了直线加速器和环形加速器的基本原理构想。1928 年 12 月 17 日西拉德还提交了一份直线加速器的专利申请。其基本原理是用迅速改变的电场来加速质子，这只要在一个很长的直管子中串联一系列高压电极即可实现。维得罗在西拉德之后也独立提出了这种方法，并将其应用于实际当中。

就在直线加速器专利申请之后的一周，即 1928 年 12 月 24 日，西拉德又迅即提出了回旋加速器的专利申请。其原理是：在磁场中单位时间内质子旋转的次数决定于磁场的强度。这样就可以在稳定的磁场中，使质子在振荡电场作用下加速旋转。遗憾的是，德国专利局没有批准这个专利，西拉德本人也没有动手去制造这种加速器。

4 年后的 1932 年，美国物理学家劳伦斯和利文斯顿独立发明并制造了回旋加速器，劳伦斯并因此于 1939 年获得诺贝尔物理学奖。

西拉德对此事一直耿耿于怀，他不但为当年德国专利局没有批准这个专利而感到遗憾，更使他懊丧的是他的这些创造性探索实际上也没有能够影响到加速器的发展。在以后的岁月里他屡屡提及此事，扼腕浩叹。在他的文件中曾发现一封他写给 O. S. 的信，弗德猜测 O. S. 可能是奥托・斯特恩。信中描述了他为加速器所做的工作。同时，不无遗憾地写道：

> 当然了，重要的是在于制出这些加速器，而不是没有实现的设想……

在以后介绍西拉德的诸多文字中，很多人都会提到他是第一个发明加速器原理或者第一个设计加速器的人，这些或许就是对西拉德这一工作的最高奖赏了。

1932 年劳伦斯制造出第一台回旋加速器，但是，在劳伦斯发明的加速器中当粒子速度增加到足够大时，便产生了相对论效应，从而限制了粒子继续加速。1934 年 2 月 21 日，西拉德又向英国专利局提出同步回旋加速器的专利申请，以此解决相对论效应问题。在说明书中他描述了加速电压频率随时间变化的规律以及相稳原理。不幸的是，这个专利也没有给西拉德带来荣誉，这时西拉德作为移民在英国避难，连工作都没有，筹资制造加速器更不可能。1944年，这一想法再次被苏联的维克斯勒重新提出，从而引起了加速器设计的一场革命。

四、链式反应与“拯救世界”

在西拉德的一生中，核物理是他取得最大成就的领域。然而，值得一提的是，把他带入这一领域的是“拯救世界”的理想。1932年，西拉德在H.G.威尔斯《向着自由世界》一书中看到了这样的预言：1933年发现人工放射性，然后是原子能的释放、原子弹、世界大战和世界政府，这给他留下了深刻印象。同年，西拉德与此书的德文版出版商曼德尔进行了一次十分重要的谈话。曼德尔认为：好战是人类的本性，要想从无休止的战争中把人类拯救出来，就应该设法离开地球。这种观点使西拉德大为震惊。但他当时只能说：

> 如果我认为这正是人类的需要的话，如果我想对拯救人类做出贡献的话，那么我或许应该研究核物理学，因为只有通过释放原子能，我们才能得到不但可以离开地球，而且可以离开太阳系的办法。

促使西拉德转向核物理学的直接动因，是他在报上读到卢瑟福于 1933 年 9 月 11 日在英国科学促进会的发言中说大规模释放原子能“只不过是空想”的报道。为了反驳卢瑟福的论断，西拉德决定对这一问题进行研究。当时，西拉德正在为“学术援助委员会”而奔波，没有工作，也没有安宁的学术环境。然而，他的链式核反应的思想却在这种环境中形成了。西拉德这样描述了当时的情形：

> 当红灯变成绿灯时，我就穿过马路。这时，一个想法突然出现在我的脑海中：如果我们能够找到这样一种元素，它能被中子所分裂，当它吸收一个中子后能释放出两个中子，将许多这种元素放在一起，就能维持一种链式核反应。

1934 年初，约里奥·居里夫妇发现了人工放射性。这个发现极大鼓舞了西拉德，H. G. 威尔斯的预言以惊人的准确性实现了。西拉德看到了核时代的曙光并为此进行了艰苦卓绝的奋斗。

1934 年春，西拉德向英国专利局申请了链式核反应的专利权，在说明书中第一次认真地讨论了维持链式核反应的原理，并第一次提出了链式核反应的重要概念——临界质量。西拉德给著名核物理学家费米写信解释了此举的意义，他说科学家申请专利“决不仅仅是为了私人的经济利益，而是为了继续开展研究有可靠的经济保证”。西拉德这些话是有感而发的，为了尽快开展链式反应的实验，西拉德提出铍是可能实现链式反应的元素，并试图系统探索所有可能的元素。但做这事首先需要条件和机会，所以他不得不把大部分精力用于说服别人以寻找机会。但努力几乎毫无结果，正如他自己所说："可叹的是没有一个物理学家对链式反应的思想有热情。"最后还是一家名为圣·巴塞洛缪医学院的机构给了他一个暑期工作的机会。他与年轻研究人员查默斯合作，很快就发现了一种能使化合物中某元素吸收中子而从化合物中分离出来的西拉德－查默斯效应。这一成果使西拉德成为一个有声望的核物理学家，并被剑桥大学所聘用。

尽管链式反应的实验没有什么进展，但西拉德仍然信心十足。因为担心链式核反应的专利公开发表会被纳粹德国所利用，所以，他于 1936 年将此专利移交给英国海军，他在给海军部的信中写道：

> 如果我能保留使用这个说明书的自由，保证此专利不用于制造战争武器，那么我将很高兴将此专利移交给英国海军。

1938 年 1 月，西拉德从英国剑桥来到美国访问。在此期间，《慕尼黑协议》（1938 年 9 月 28 日）的签署，使他对欧洲绥靖政策失望至极，遂决定辞去剑桥的职务，不再返回英国而留在美国，并于 1943 年获得美国国籍。

在美国，西拉德仍在为链式核反应而奔波，但进展不大。正当他即将失去信心之际，发现铀裂变的消息使他恍然大悟。这一消息是他到普林斯顿去拜访维格纳时听到的，他当时的反应是："威尔斯所预言的一切，突然之间在我眼前变成了现实。"

从此，西拉德陷入科学研究与政治活动双重的繁忙之中。他在研究铀原子核裂变释放的中子数的同时，也积极在科学家中间活动，目的是对纳粹德国封锁消息，自我监督不发表这方面的论文。

西拉德首先想到的两个人是约里奥·居里和费米，并认为"这两个人或许已经考虑到这种可能性"。当西拉德通过拉比转告费米，现在的工作因为可能会导致原子武器而应该加以保密时，费米却说："没有必要。"西拉德与拉比一起去找费米，而费米认为裂变释放中子以及形成链式反应的可能性很小，只有10%的概率，应该慎重，但不必采取行动。西拉德认为正是为谨慎起见，才应快速行动。可见两人的出发点不同，对谨慎的理解全然不同。1939年2月2日西拉德亲自写信给约里奥·居里，提出"应该采取行动防止这方面的任何消息发表在各国的科学期刊上……"他在信中又说："我们都但愿不会有，或至少不会有足够的中子辐射，因而也就没有什么可以担心的了。"

铀核裂变会不会释放中子、每个核裂变释放多少中子，对于西拉德、费米和约里奥来说是问题的关键，于是他们各自带领着自己的团队紧张地进行实验。到了3月中旬，西拉德与沃尔特·岑恩在哥伦比亚大学的另一个实验室里（费米小组也在哥伦比亚大学工作）证实了裂变不但释放中子而且释放两个以上的中子，链式反应的可行性在理论上得到证实。与此同时，费米小组和约里奥小组也独立得出了相同的结果。当西拉德说服了费米及其他英美同行自我监督不发表这方面的论文时，约里奥却在3月18日在《自然》杂志上发表了自己的结果。西拉德后来又通过其他渠道，谋求约里奥的合作，但均遭拒绝。据美国物理学史家沃尔特考证，约里奥在这一时期发表的文章促成了德国、英国和苏联当局对核能研究计划的资助。

战争的逼近，使西拉德的思想得到愈来愈多人的理解。虽然自我限制不发表论文的制度很晚才实行，但它总的来说还算及时。第一篇被禁止发表的正是西拉德自己关于核反应特性的文章，另外一篇关于中子吸收截面的文章在十分关键的时候也被禁止发表了，如果不然，“可以设想第二次世界大战的历史将会改变”。

很多社会公众包括不少科学界人士都把奥本海默称为“原子弹之父”。但是，真正了解内情的人包括许多研究原子能历史的学者则往往认为，西拉德对原子弹的了解与贡献或许超过了奥本海默，因而往往把西拉德称为“事实上的原子弹之父”。

美国研制原子弹的曼哈顿计划，主要就是由于在西拉德的请求与参与下，通过爱因斯坦写给美国总统罗斯福的那封著名信件所引发的。

1939年6月，西拉德放弃了毫无希望的铀重水系统，决定用石墨做减速剂。同年7月上旬，费米已到安娜堡讲学，西拉德三番五次给费米写信讨论碳的吸收截面和铀与石墨最佳排列的栅格理论。西拉德认为实验已经进入十分关键的时刻。费米的回信提出了一些自己的设想，但他较为冷淡，并说他于年底才能返回。后来西拉德说，这就是促使他独自与政府联系的因素之一。

值得注意的是，敦促美国政府研制原子弹的西拉德、维格纳、泰勒等人都是欧洲移民科学家，这与他们对希特勒的野心与残暴有着更深刻认识有很大关系。找爱因斯坦帮忙推进原子武器研发计划，就是西拉德与维格纳讨论希特勒对铀矿资源的野心时决定的。

1939 年 7 月—8 月间，西拉德两次（第一次与维格纳，第二次与泰勒）来到爱因斯坦的住处。其结果就是 8 月 2 日爱因斯坦致罗斯福总统的信，与此信同时交给罗斯福的还有西拉德 1939 年 8 月 15 日写的备忘录，这个备忘录除更详尽解释了裂变研究最新进展及其意义外，再次提出了限制发表这方面论文的必要性。

爱因斯坦的信和西拉德的备忘录直到 1939 年 10 月 11 日才送到罗斯福手中，总统马上任命了一个由国家标准局局长莱曼·布里格斯任主席的铀委员会。10 月 21 日，西拉德、维格纳、泰勒参加了铀委员会第一次会议并讨论了原子能的前景。

政府的支持十分有限，宝贵的时间在白白浪费：

> 1939 年 6 月底到 1940 年春在美国探求铀链式反应可能性的实验一个也没有做。

形势的发展以及美国科学家的介入才使铀计划有所开展。1941 年 12 月 6 日，万尼瓦尔·布什宣布了全力以赴研制原子武器的决定。由于负责链式反应的阿瑟·康普顿在芝加哥，所以决定将哥伦比亚小组也迁往该地。西拉德 1942 年 2 月迁往芝加哥，并专门负责技术工作。他在铀金属制造、表面处理、冷却系统、钚生产线等方面做出了许多具体贡献。

1942 年 12 月 2 日，在芝加哥大学斯塔格运动场的看台下面，第一座自持的链式反应堆实验成功，人类终于成功释放并控制了原子能。当人们欢呼雀跃之际，为此奔波了近 10 年的西拉德却忧心忡忡。在费米与西拉德握手庆贺时，西拉德说道：

这一天将被载入史册，成为人类历史上黑暗的一天。

对于芝加哥的科学家来说，由于后期理论工作相对减少，在西拉德、玻尔等人的鼓励下，开始思考原子能的社会政治影响。遗憾的是，曼哈顿计划一展开，西拉德即被完全排斥在决策层之外，仅仅被当作一个技术人员来看待。他关于原子能的社会政治影响的思考很少为他的上司们所理解。他们也很少征求他的意见。

为了使政府对原子能的社会政治影响有一个清醒的认识，西拉德决定与“当时唯一一位能够交流的人”联系。爱因斯坦再一次给罗斯福总统写了推荐西拉德的信，西拉德写下了《原子弹和美国在战后世界中的地位》的备忘录。这一备忘录预言了战后的核军备竞赛，提出了控制原子能的设想。与此同时，丹麦物理学家玻尔也向英美首脑发出防止战后核军备竞赛的信号。

罗斯福的去世（1945 年 4 月 12 日）使西拉德的计划落空。第二次世界大战以后，西拉德为核和平及核裁军而倾注了全部的心血，他从不谈及由于他在研制原子弹中所起的作用而产生的内心的感受，但据希尔斯说只有一次例外，当泰勒研制氢弹的计划得到官方资助时，西拉德说：

现在，泰勒将会知道负罪感是什么滋味了。

五、生物学家

战后，芝加哥大学校长聘请西拉德为生物物理和社会科学教授，这反映了西拉德战后的兴趣所在。法国著名生物学家雅克·莫诺曾几次问西拉德，像他这样一位著名的物理学家为什么要放弃物理学而转行研究生物呢？西拉德每次都反问道："你不认为生物学很有趣吗？"莫诺说："我个人确信有一种更重大、更深刻的原因。"这就是西拉德对早期工作的再思考。莫诺认为西拉德早已解决的麦克斯韦妖佯谬实际上不是物理问题，而是生物问题。当然大部分人认为西拉德是由于看到核物理带来如此恶果而决定改行搞生物的。

然而，西拉德在晚年却说他完全是因为兴趣，早在 1934 年他就准备改行，并由从物理转向生物的 A.V. 希尔为他找了一个生物学的工作岗位。尽管 1934 年—1935 年他主要从事核物理学研究，但他一直关注生物学的发展，这种关注使他发现西拉德－查默斯效应并使他在正式改行前就得到生物学教授的位置。

西拉德 1947 年夏正式转行搞生物，作为合作者，与他同时改行的还有一位年轻物理学家 A. 诺维克。他们一起来到德尔布吕克在冷泉港组织的细菌病毒学夏季讨论班。当西拉德听完莫诺的讲演后，马上就提出一连串尖锐问题。莫诺十分吃惊，他无法想象一个一般听众会如此熟读、理解自己的文章，并提出如此深刻中肯的意见。西拉德与莫诺以此为契机，成为十分诚挚的朋友。莫诺承认西拉德对他自己的工作影响很大。西拉德与诺维克还参加了德尔布吕克噬菌体小组的工作。他们提出病毒感染的两种类型：基因型和表现型。据诺维克讲：

> 他们的工作使德尔布吕克早已发现的噬菌体的变配机理弄得更清楚了。

1948 年 2 月，西拉德与诺维克有了自己的实验室，他们的第一项工作就是细菌光致活化机理的研究，其结果很快得到实验验证。正如维格纳所说："西拉德生物学工作中最重要的恐怕要数'恒化器'的发明。"这是一种维持单位时间内细菌繁殖数目不变的仪器。这种仪器为生物研究提供了新的手段。之后西拉德与诺维克用恒化器对细菌的生化机理进行了系统的研究并取得一系列成果。

1954 年，芝加哥大学放射性与生物物理研究所解散。之后的 10 年中，西拉德在从事大量社会活动的同时，主要从事分子生物学与老化理论的研究。西拉德非常喜欢使用与理论物理相对应的"理论生物学"一词，并认为生物研究应该进一步实现定量化。1959 年他提出"一般生物现象的数量研究"计划。同年，西拉德发表论文

《关于老化过程的本质》，提出生物的老化是由于所有染色体无规则的失活所致。

西拉德最后一篇论文是《关于记忆与回忆》，这篇文章回到最初研究的问题，从更高的意义上解释了麦克斯韦妖，回答了智力能否违反热力学第二定律的问题。美国著名的索尔克生物研究所是在西拉德等人的努力下成立的。1963 年 7 月，西拉德成为索尔克生物研究所非正式成员。1964 年 4 月他从芝加哥迁往加利福尼亚州拉荷亚，成为索尔克生物研究所的永久成员。在此，他刚刚结束他那几十年的奔波不定的生活，却于 1964 年 5 月 30 日突然去世。

六、核和平之父

“事实上的原子弹之父”并不能概括西拉德的成就与追求。笔者认为称西拉德为“核和平之父”更为恰当。西拉德去世以后，当人们总结他的政治活动时，曾有人说：战后“西拉德从原子弹之父变成原子和平之父”。

尽管西拉德是第一个动议研制原子弹的人，但他这样做纯粹是为了对付纳粹德国。当这种目的已经不复存在时，他第一个提出“继续发展原子弹目的何在”的问题。西拉德也是第一个提出反对使用原子弹的人。为了加强道义力量，西拉德于 1945 年 7 月联合 69 位原子科学家给美国总统杜鲁门写了一份反对使用原子弹的请愿书，其中写道：

……战争越来越残酷……我们在战争中使用原子弹，就会使世界在这条残酷无情的道路上走得更远。

西拉德及其他芝加哥科学家们的抗议并没有产生直接影响。原子弹的使用终于使世界在残酷无情的道路上迈出实质性的一步。西拉德此时清醒地认识到，要想增强道德的力量，必须把真相告诉公众及社会。在他的动议下，由芝加哥大学校长哈钦斯发起，于 1945 年下半年召开了一次重要会议。许多政界知名人士（比如商务部长华莱士，田纳西峡谷管理局局长利林瑟尔）都出席了这次会议。3 天的会议讨论了核时代即将出现的各种问题，诸如预防性战争、国际控制原子能、核查问题、世界政府等。西拉德称这次会议是他所参加的“最好的会议”。这次会议为即将到来的科学家反核战争和平运动进行了组织上的准备。会上所讨论的问题日后几乎都成为公众兴趣的中心。A. K. 史密斯说：

除西拉德 9 月 7 日的备忘录外，没有人考虑国际控制原子能的问题。

就在科学家与政府就原子能保密问题发生冲突的时候，在格罗夫斯指挥下，陆军部起草了一个国内控制原子能的议案。为了反对这个议案，西拉德发起了一场声势浩大的运动。在众多原子科学家的努力及公众的支持下，这个有利于军管原子能的议案未能通过。在反对这个议案的斗争中，西拉德在报纸、电台上频繁发表自己的看法，在公众中树立起反核战争和平运动的领袖形象，他逐渐扮演起“核和平之父”的角色。

西拉德战后政治活动的核心是世界政府。一开始他十分注重联合国在世界事务中的作用，冷战的出现使西拉德把更多的精力倾注于教育及世界法律。

思想交流、文化融合是消除冷战之必需，也是世界政府的基础。西拉德的许多活动都是基于这一设想而展开。战后，西拉德及原子科学家的教育对象是政府官员和公众。核威胁成为人类的共同认识后，他又把希望寄托在教育年青一代上。这种教育年轻人的基本原则可以在第一次帕格沃什科学和世界事务国际会议的“科学家社会责任”小组的报告（这是一份主要由西拉德起草的文件）中见到：

> 传统趋向于对年轻人进行教育时强调各民族自己的理想，包括赞美战争。原子时代迫切要求改变这些传统。在不放弃忠于民族遗产和不同社会基本准则的情况下，教育必须强调在和平与合作中全人类利益的根本的、持久的一致性，而不要去强调民族之间的障碍以及经济和政治制度方面的不同。

西拉德是帕格沃什运动的发起者和参加者，帕格沃什会议成为他凝练自己思想、提出各种倡议的最好场所。

1961 年前后西拉德在美国各大学巡回讲演：“我们正在走向战

争的边缘”。他的讲演引起极大共鸣，促成了消除战争委员会（后来改名为可居世界委员会）的成立。“这为以后几十年科学家反战及环境保护运动开了先例”。

在核时代，缔造和平者就是当之无愧的英雄。为了维护多年的核和平，可以列出一串和平英雄的名字，而西拉德又是这批英雄中的佼佼者。正因为此，他应该当之无愧被称为核时代的“核和平之父”。

（作者：王德禄）

参考资料

亨利　接过“富兰克林披风”的人

[1] A. P. Molellaetc. ed. The Essays and Lectures of Joseph Henry [M]. Washington: Smithsonian Institution Press, 1980.

[2] A Memorial of Joseph Henry [M]. Washington: Smithsonian Institution Press, 1881.

[3] J. Henry. On the Production of Current and Sparks of Electricity from Magnetism [J]. American Journal of Science, and Arts, 1832, 22 (7): 402–408.

[4] J. Henry. The Papers of Joseph Henry [M]. Vol. I. Washingon: Smithsonian Institution Press, 1972.

尤曼斯　第二次工业革命时代的科学传播者

[1] Charles Haar. E. L. Youmans: A Chapter in the Diffusion of Science in America [J]. Journal of the History of Ideas, 1948, 9 (4): 193–213.

[2] John Fiske. Edward Livingston Youmans Interpreter of Science for the People [M] . New York: D. Appleton and Company, 1894.

[3] John Fiske. A Century of Science and Other Essays [M] . Boston and New York: Houghton, Mifflin, and Co., 1899.

[4] E. L. Youmans. Popular Science Monthly Vol. 1 [C]. New York: D. Appleton and Co., 1872.

亨利·罗兰　美国物理学的继往开来者

[1] Robert V. Bruce. The Launching of Modern American Science 1846—1876[M]. Ithaca, New York: Cornell University Press, 1987.

[2] Daniel Kevles. The Physicists, The History of a Scientific Community in Modern America[M]. Cambridge: Harvard University Press, 1995.

[3] H. A. Rowland. A Plea for Pure Science, The Physical Papers of Henry Augustus Rowland[M]. Baltimore: Johns Hopkins Press, 1902.

[4] H. A. Rowland. The Highest Aim of the Physicist[J]. Science, 1899, 10 (8): 825-833.

海耳　大科学时代的先驱

[1] Walter S. Adams. Biographical Memoir of George Ellery Hale [M]. Washington: National Academy of Sciences, 1939.

[2] Mary Jo Nye ed. The Cambridge History of Science, Vol. 5, The Modern Physical and Mathematical Sciences [M]. Cambridge: Cambridge University Press, 2003.

[3] G. E. Hale. Ten Years' Work of a Mountain Observatory: a brief account of the Mount Wilson solar observatory of the Carnegie institution of Washington [M]. Washington: Carnegie Institution of Washington. 1915.

[4] C. C. Gillispie. ed. Dictionary of Scientific Biography [C]. New York: Charles Scribner's Sons, 1973.

[5] H. Dright, J. Warnow and C. Weiner eds. The Legacy of George Ellery Hale [M]. Cambridge: MIT Press, 1972.

[6] H. Wright. Explorer of the Universe——A Biography of George Ellery Hale

[M] . New York: E. P. Duttou & Co, 1966.

沙普利 天文学家和世界公民

[1] H. Shapley. Through Rugged Ways to the Stars [M]. New York: Charles Scribner's Sons, 1969.
[2] B. J. Bok. Harlow Shapley, in Biographical Memoirs [M]. Vol. XLIX. Washington: The National Academy of Sciences of the United States, 1978.
[3] C. C. Gillispie. ed. Harlow Shapley, Dictionary of Scientific Biography [C]. Vol. 12. New York: Charles Scribner's Sons, 1975.
[4] B. J. Bok. Harlow Shapley-Cosmographer, in American Scholar [M]. Vol. 40, 1971.
[5] B. J. Bok. The Universe Today [A]. Man's Place in the Universe: Changing Concepts [C]. Tucson: University of Arizona Press, 1977.

狄克逊 最早的本土数学博士

[1] D. D. Fenster. Leonard Eugene Dickson (1874–1954): an American legacy in mathematics [J]. Mathematical Intelligencer, 1999, 21 (4): 54–59.
[2] J. H. Parshall. Leonard Eugene Dickson [M]. American National Biography (Vol.6), Oxford: Oxford University Press, 1999.
[3] K. H. Parshall. Defining a mathematical research school: the case of algebra at the University of Chicago, 1892–1945 [J]. Historia Mathematica, 2004, 3: 263–278.
[4] K. H. Parshall. A study in group theory: Leonard Eugene Dickson's Linear groups [J] . The Mathematical Intelligencer, 1991, 13 (1): 7–11.
[5] R. S. Calinger. Leonard Eugene Dickson [A]. Dictionary of Scientific

Biography (Vol.4)[C]. New York: Scribner & Sons, 1973.

[6] A. A. Albert. Leonard Eugene Dickson 1874–1954 [J]. Bulletin of American Mathematical Sociery, 1955, 61: 331–345.

布什　科技政策的工程师

[1] V. 布什等。科学——没有止境的前沿[M]. 范岱年，解道华，译. 北京：商务印书馆，2004.

[2] G. 帕斯卡尔·扎卡里. 无尽的前沿——布什传[M]. 周惠民，周玖，邹际平，译. 上海：上海科技教育出版社，1999.

[3] Vannevar Bush. The Engineer and His Relation to Government [J]. Science, 1937, 86: 87–91.

[4] Vannevar Bush. As We May Think [J]. Atlantic Monthly, 1945, (176): 112–124.

[5] J. M. Nyce, P. Kahn. From Memex to Hyperfext: Vannevar Bush and the Mind's Machine [M]. SanDiego: Academic Press, 1991.

[6] Vannevar Bush. Science Is Not Enough: Reflections for the Present and Future [M]. New York: William Morrow & Co., 1967.

[7] Clark A. Elliott. History of Science in the United States: a chronology and research guide [M]. New York: Garland, 1996.

西拉德　核和平之父

[1] Bernard T. Feld and Gertrud Weiss Szilard. ed. The Collected Works of Leo Szilard, Scientific Papers [M]. Cambridge, Mass: The MIT Press, 1972.

[2] Spencer R. Weart and Gertrud Weiss Szilard. ed. Leo Szilard, His Version of the Facts, selected recollections and correspondence [M]. Cambridge, Mass: The

MIT Press, 1978.

[3] Leo Szilard. The Voice of the Dolphins [M]. New York: Simon and Schuster, 1961.

[4] Michael Bess. Leo Szilard: scientist, activist, visionary [J]. Bulletin of the Atomic Scientists, 1985, 41 (11): 11–18.

[5] Alice Kimball Smith. The Elusive Dr. Szilard [J]. Harper's Magazine, July, 1960 (7): 77–86.

[6] 科学与哲学1986年第1辑（总43辑）[C]. 北京：中国科学院自然辩证法通讯杂志社，1986.

人名对照表

（按外文姓氏的首字母排序）

A

沃尔特·亚当斯——Walter Adams

乔治·阿加西——George R. Agassiz

路易·阿加西——Louis Agassiz

阿尔伯特——A. A. Albert

安培——A. M. Ampere

安德森——H. L. Anderson

约翰·阿塔纳索夫——John V. Atanasoft

B

沃尔特·巴德——Walter Baade

彼得·巴洛——Peter Barlow

爱德华·爱默生·巴纳德

——Edward Emerson Barnard

贝克勒尔——Antoine H. Becquerel

乔治·边沁——George Bentham

贝尔纳——John Bernal

贝弗里奇——William Beveridge

维克斯勒——B. H. Bexcnep

毕奥——J. B. Biot

玻尔——N. Bohr

玻耳兹曼——L. Boltzmann

波尔泽——O. Bolza

鲍勒——Peter Bowler

布劳尔——R. Brauer

布里格斯——Lyman J. Briggs

布林克曼——Brinkmann

伯恩赛德——W. Burnside

万尼瓦尔·布什——Vannevar Bush

C

卡迈克尔——R. D. Carmicheal

安德鲁·卡内基——Andrew Carnegie

查默斯——T. A. Chalmers

钱德拉塞卡

——Subrahmanyan Chandrasekhar

克拉克——Alvan Clark

阿瑟·康普顿——Arthur Compton

卡尔·康普顿——Karl Compton

科南特——James Bryant Conant

康克林——E. Conklin

克罗克——Charles Crocker

居里夫妇——Mirs Curie

柯蒂斯——Heber D. Curtis

D

达纳——Richard H. Dana

阿方索·德堪多

——Alphonse de Candolle

约翰·丹尼尔——John Daniell

达尔文——Charles Robert Darwin

德尔布吕克——Max Delbruck

狄更斯——Charles Dickens

狄克逊——Leonard E.Dickson

德雷伯——Henry Draper

杜布里奇——Lee A. DuBridge

杜根——Raymond S. Dugan

E

伊顿——Amos Eaton

埃克特——John P. Eckert

爱丁顿——Arthur Eddington

爱因斯坦——Albert Einstein

埃勒曼——Ferdinand Ellerman

爱默生——Ralph W. Emerson

恩格尔曼——George Engelmann

欧几里得——Euclid

埃弗雷特——Charles C. Everett

F

法拉第——Michael Faraday

芬德勒——Augustus Fendler

费米——Enrico Fermi

菲尔莫尔——Millard Fillmore

弗莱明——John A. Fleming

弗兰克——James Franck

G

加博尔——D. Gabor

伽罗瓦——Evariste Galois

高斯——Johann C. F. Gauss

热拉尔丁——A.Gerardin

吉布斯——Wolcott Gibbs

吉尔曼——Daniel C. Gilman

戈德温——Harry Goodwin

戈尔德——Benjamin Gould

阿萨·格雷——Asa Gray

格罗夫斯——Leslie Groves

H

哈德利——J. Hadley

海克尔——Ernst Haeckel

乔治·埃勒里·海耳

——George Ellery Hale

霍尔——E. H. Hall

汉斯坦——H. B. Hanstein

哈珀——William Harper

亥维赛——O. Heaviside

亥姆霍兹——Hermann von Helmholtz

约瑟夫·亨利——Joseph Henry

赫歇尔——William Herschel

赫茨普龙——Ejnar Hertzsprung

希尔——A. V. Hill

约瑟夫·胡克——Joseph Hooker

威廉·胡克——William Hooker

霍普金斯——Mark Hopkins

哈勃——Edwin P. Hubble

哈金斯——William Huggins

亨廷顿——Collis P. Huntinggton

哈钦斯——R. M. Hutchins

赫胥黎——Thomas H. Huxley

J

朱厄特——Frank Jewett

约翰逊——W. Johnson

约当——M. C. Jordan

K

康德——Immanuel Kant

卡皮查——P. Kapitza

卡普坦——Jacobus C. Kapteyn

冯·卡门——T. von Karman

基勒——J. E. Keeler

克莱因——F. Klein

克鲁格尔——Klugel

科瓦尔斯基——Lew Kowarski

L

朗伯——J. H. Lambert

劳厄——M.T. F. von Laue

劳伦斯——Ernest O. Lawrence

勒维特——Henri Leavitt

雷默——D. N. Lehmer

林肯——Abraham Lincoln

林德布拉德——Bertil Lindblad

林奈——Linnean

利文斯顿——M. S. Livingston

洛格斯顿——M. Logsdon

洛厄尔——A. Lawrence Lowell

洛威尔——J. R. Lowell

赖尔——Charles Lyell

赖曼——Theodore Lyman

M

曼德尔——Otto Mandl

马克——H. Mark

马斯克——H. Maschke

莫奇利——J. W. Mauchly

麦克斯韦——John Clerk Maxwell

麦卡锡——Joseph Mc Carthy

迈克耳孙——Albert A. Michelson

密立根——Robert Milikan

穆勒——John S. Mill

莫诺——Jacques Monod

摩尔——E. H. Moore

莫尔斯——Samuel Morse

N

能斯特——Walter Nernst

冯·诺依曼——John von Neumann

尼科尔森——S. B. Nicholsen

诺特——E. Noether

O

奥斯特——Hans C. Oersted

欧姆——Georg S. Ohm

奥本海默——Robert Oppenheimer

欧文——Richard Owen

P

佩里——Matthew C. Perry

皮克林——Edward Pickering

普朗克——Max Planck

普林普顿——G A. Plimpton

波根多夫——Poggendorf

庞加莱——Jules H. Poincaré

波兰尼——Michael Polanyi

R

拉芬内斯克

——Constantine S. Rafinesque

里德——Whitelaw Reid

洛克菲勒——John D. Rockefeller

伦琴——Wilhelm Röntgen

罗斯福——Franklin D. Roosevelt

亨利·罗兰——Henry A. Rowland

卢瑟福——Rutherfurd

S

索尔克——Salk

桑德森——M. L. Sanderson

萨伐尔——Félix Savart

哈罗·沙普利——Harlow Shapley

西利曼——Benjamin Siliman

史密斯——Alice K. Smith

史密森——James Smithson

斯彭斯——Edward F. Spence

斯宾塞——Herbert Spencer

利奥・西拉德 ——Leo Szilard

T

泰勒——Edward Teller

丁尼生——Alfred Tennyson

汤姆孙——Thomson

托克维尔——A. C. de Tocqueville

丁铎尔——John Tyndall

W

华莱士——Alfred R. Wallace

亨利・华莱士——Henry Wallace

韦伯——H. M. Weber

马克斯・韦伯——Max Weber

魏茨曼——Chaim Weizmann

威尔斯——H. G. Wells

惠斯通——Charles Wheatstone

韦勒——A. J. P. Wheeler

维格纳——Eugene Wigner

伍德沃德——R. S. Woodward

赖特——Thomas Wright

Y

叶凯士——Charles Yerkes

爱德华・尤曼斯——Edward Youmans

扬——C. A. Young

Z

岑恩——Walter Zinn